ÉDITION **2026**

COMMENT DESSINER
KAWAII
101 Dessins super mignons

PAS À PAS

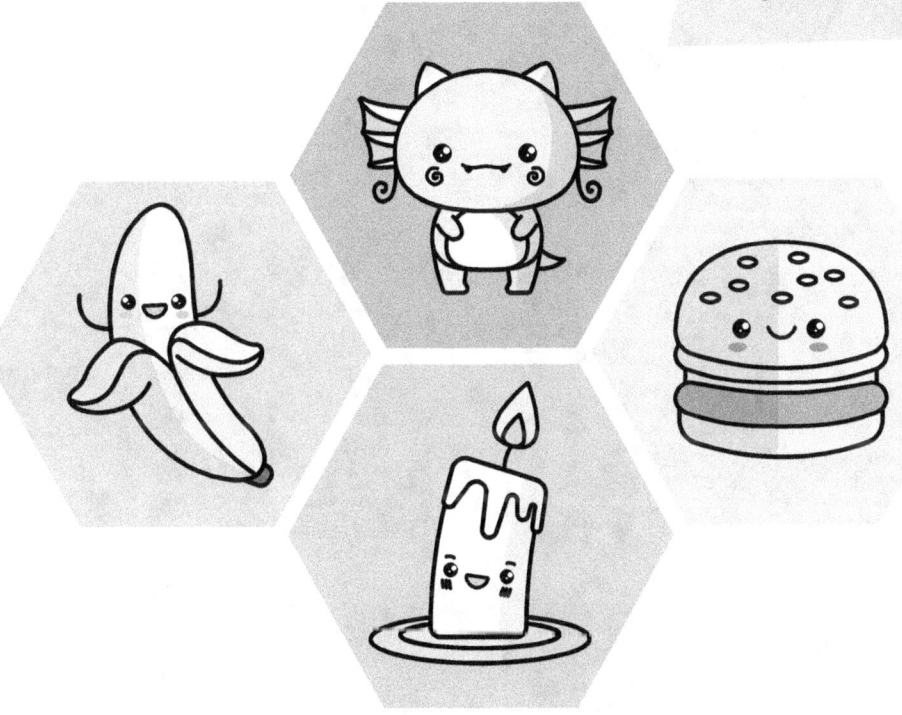

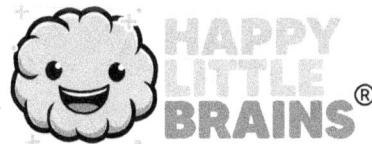

Copyright ® 2026 Happy Little Brains
Tous droits réservés
ISBN : 978-1-965026-31-1

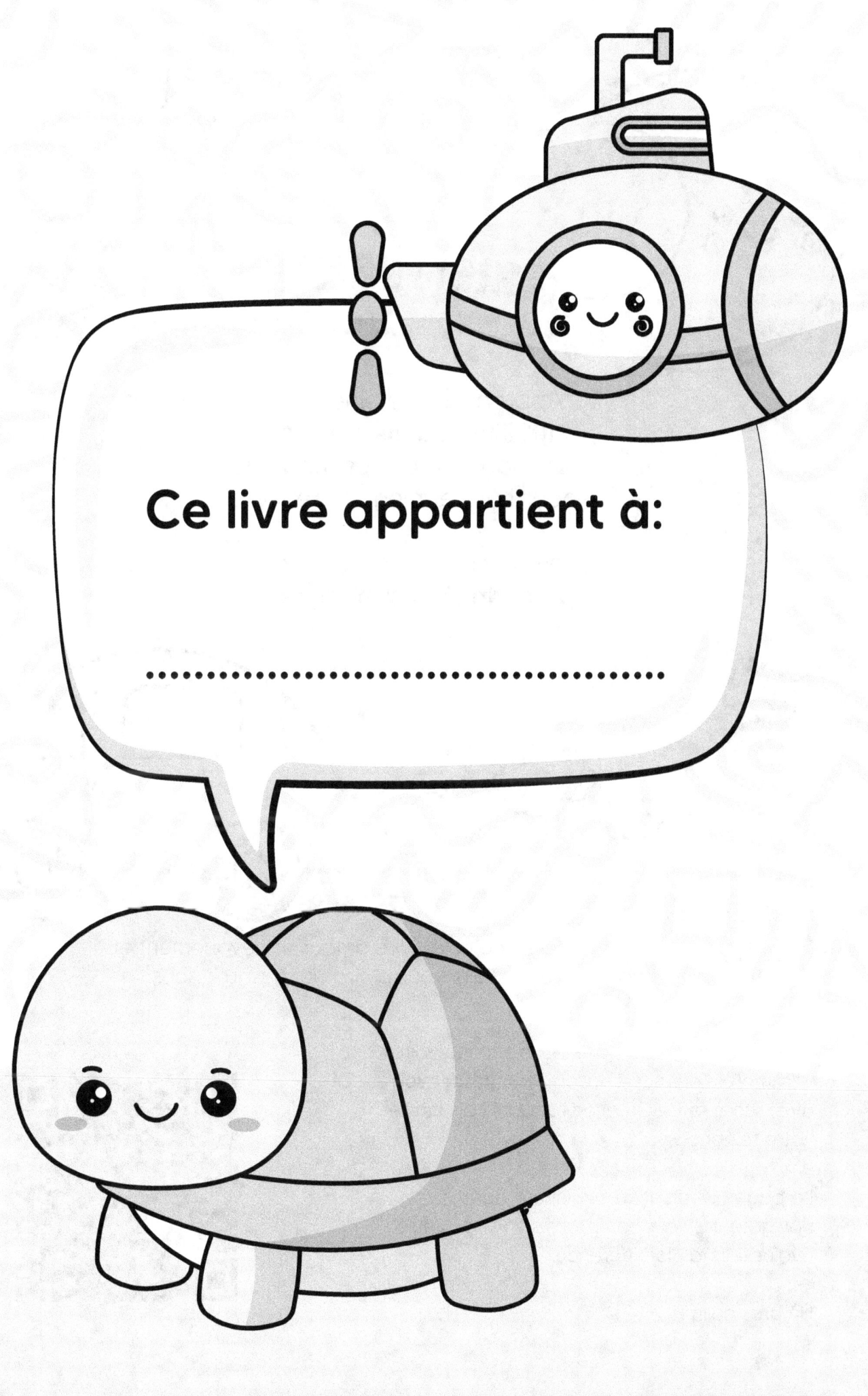

Ce livre appartient à:

....

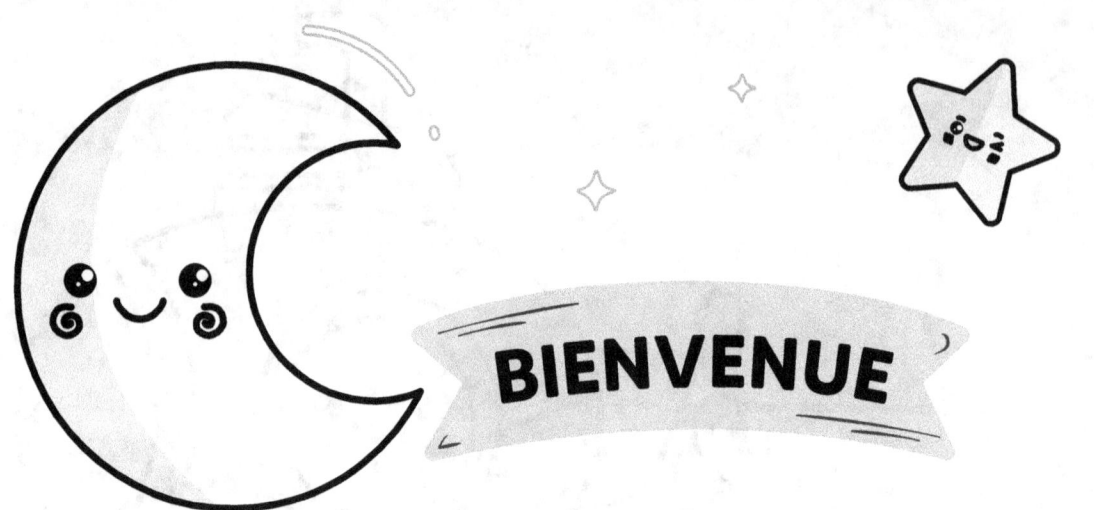

BIENVENUE

Apprends à dessiner plus de **101 illustrations:** personnes, animaux, créatures magiques, nourriture et bien plus encore...

Un livre simple et pratique pour **apprendre à dessiner pas à pas.**

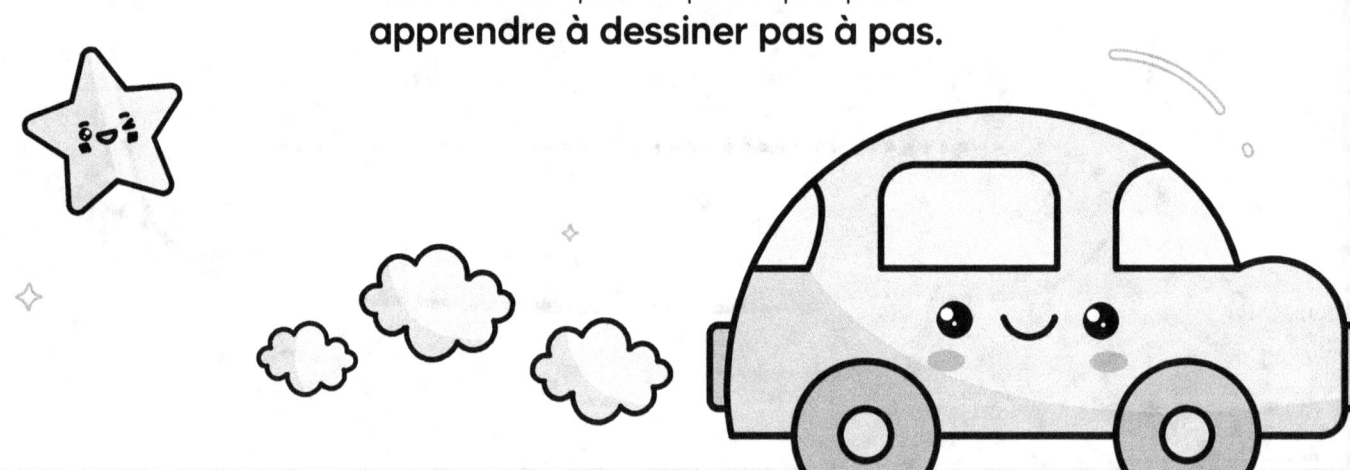

Nous avons créé ce livre avec amour et dévouement et nous espérons qu'il vous plaira autant qu'à nous.

Si vous avez 30 secondes, nous aimerions lire vos impressions sur Amazon. **Pour laisser votre avis,** scannez ce QR avec l'appareil photo de votre téléphone.

La page d'évaluation s'affichera dans votre navigateur - nous comptons sur vous ! Votre évaluation fait la différence.

Un gros câlin !

DÉCOUVRIR L'INTERIEUR

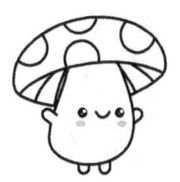
1. Champignon

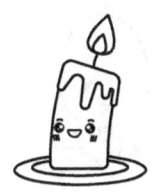
2. Bougie

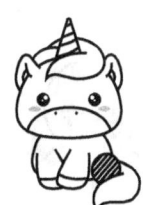
3. Licorne

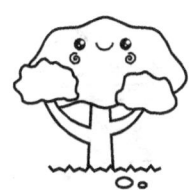
4. Arbre

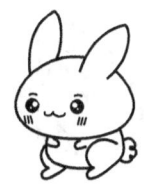
5. Lapin

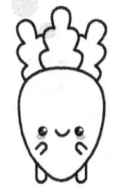
6. Carotte

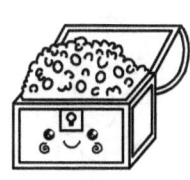
7. Trésor

8. Calendrier

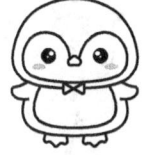
9. Pingouin

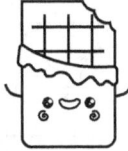
10. Chocolat

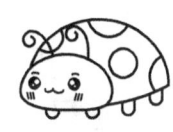
11. Coccinelle

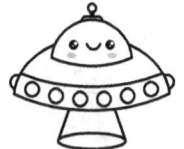
12. OVNI

13. Citrouille

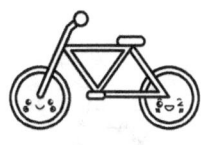
14. Vélo

15. Ampoule

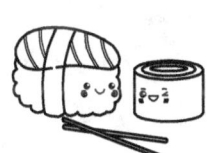
16. Sushi

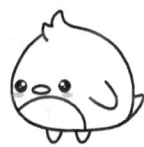
17. Oiseau

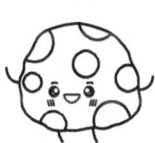
18. Biscuit

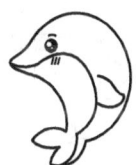
19. Dauphin

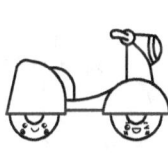
20. Moto

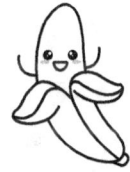
21. Banane

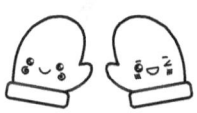
22. Gants

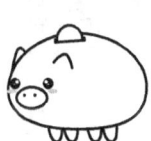
23. Tirelire

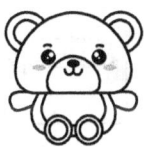
24. Ours

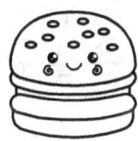
25. Hamburger

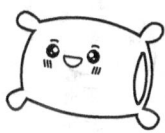
26. Coussin

27. Horloge

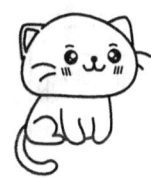
28. Chat

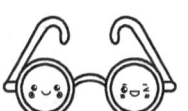
29. Lunettes

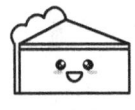
30. Gâteau

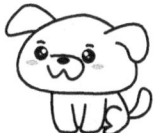
31. Chien

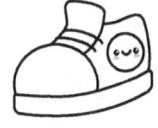
32. Chaussures

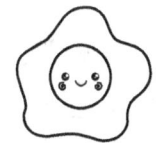
33. Œuf

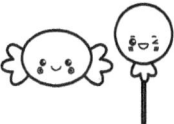
34. Bonbons

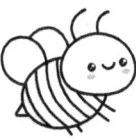
35. Abeille

Ces illustrations uniques ónt été créées à la main, spécialement pour ce livre.

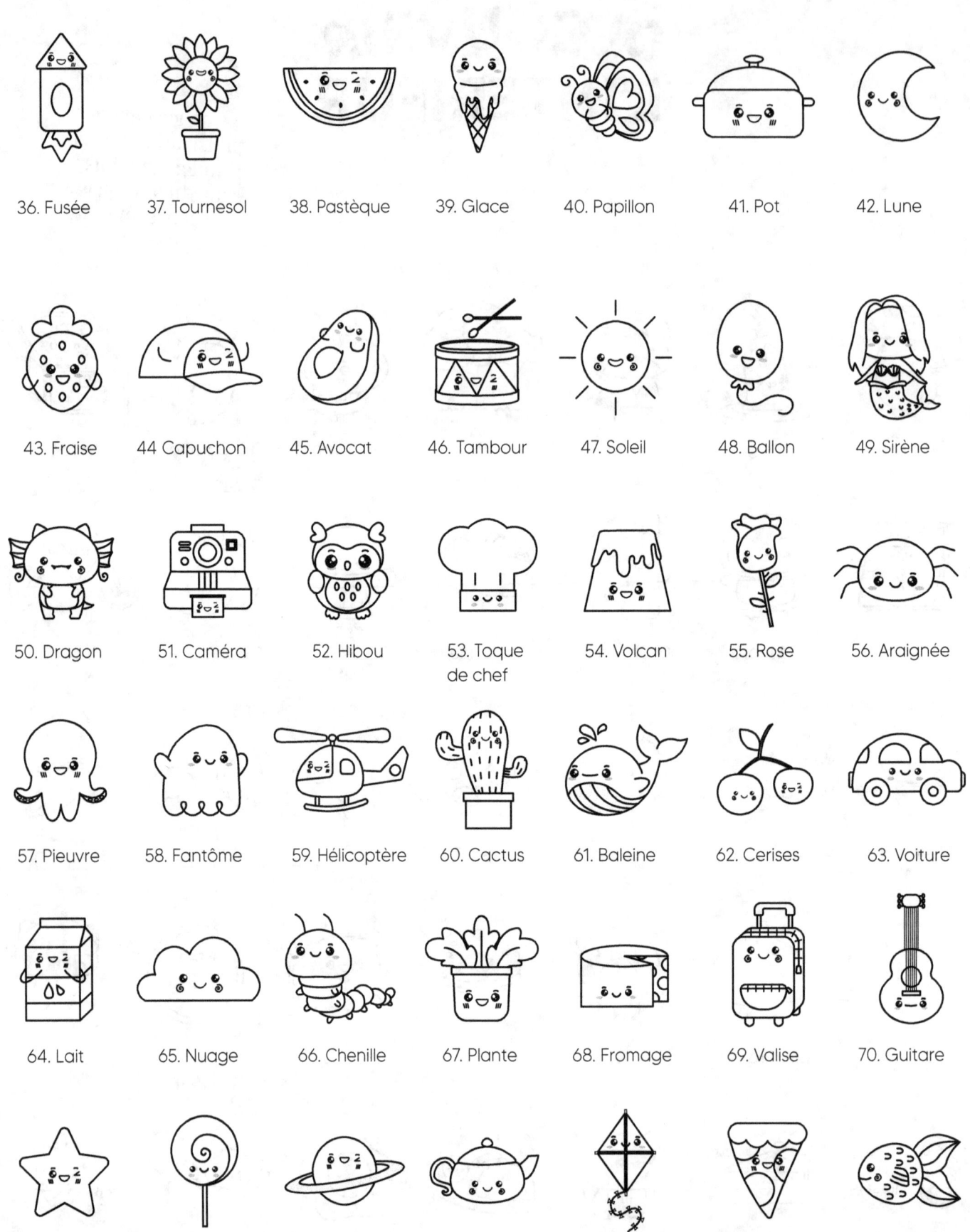

36. Fusée 37. Tournesol 38. Pastèque 39. Glace 40. Papillon 41. Pot 42. Lune

43. Fraise 44 Capuchon 45. Avocat 46. Tambour 47. Soleil 48. Ballon 49. Sirène

50. Dragon 51. Caméra 52. Hibou 53. Toque de chef 54. Volcan 55. Rose 56. Araignée

57. Pieuvre 58. Fantôme 59. Hélicoptère 60. Cactus 61. Baleine 62. Cerises 63. Voiture

64. Lait 65. Nuage 66. Chenille 67. Plante 68. Fromage 69. Valise 70. Guitare

71. Étoile 72. Sucette 73. Planète 74. Théière 75. Cerf-volant 76. Pizza 77. Poisson

Ces illustrations uniques ont été créées à la main, spécialement pour ce livre.

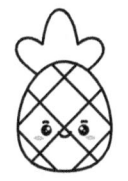
78. Ananas

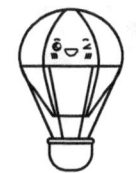
79. Montgolfière

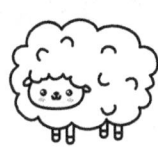
80. Mouton

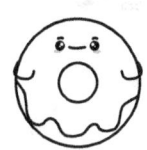
81. Donut

82. Bateau

83. Tasse

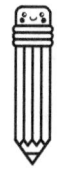
84. Crayon

85. Parapluie

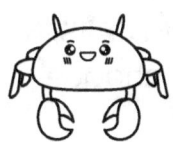
86. Crabe

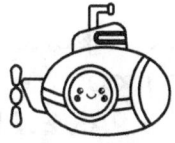
87. Sous-marin

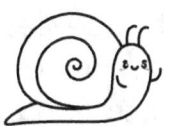
88. Escargot

89. Tomate

90. Cadeau

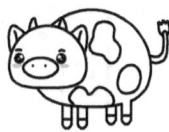
91. Vache

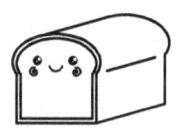
92. Pain

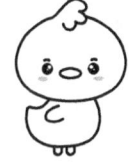
93. Poulet

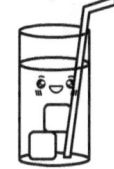
94. Boisson

95. Gâteau

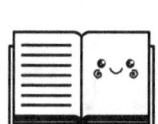
96. Livre

97. Fleur

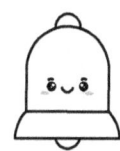
98. Cloche

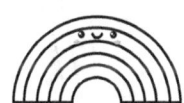
99. Arc-en-ciel

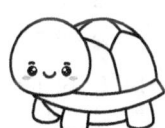
100. Tortue

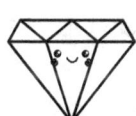
101. Diamant

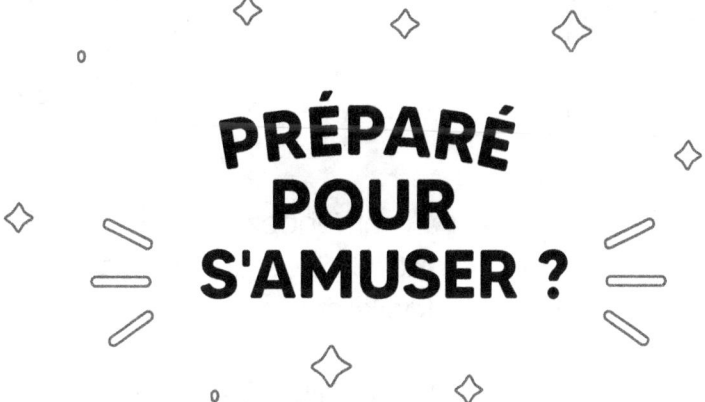

PRÉPARÉ POUR S'AMUSER ?

Ces illustrations uniques ont été créées à la main, spécialement pour ce livre.

INSTRUCTIONS

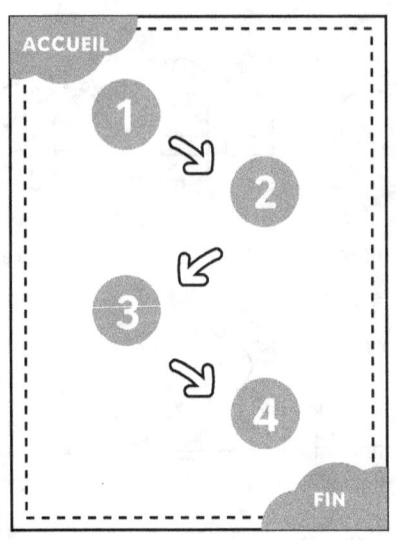

Chaque dessin comporte **4 ÉTAPES.** Suivez les numéros pour compléter chaque illustration **ÉTAPE PAR ÉTAPE.**

La méthode étape par étape vous aidera à gagner en confiance avant d'apprendre à dessiner tout seul.

Vous devez suivre les **LIGNES NOIRES**, les **LIGNES DISCONTINUES** vous servant de guide. Lorsque vous avez terminé de dessiner l'illustration, vous pouvez les effacer.

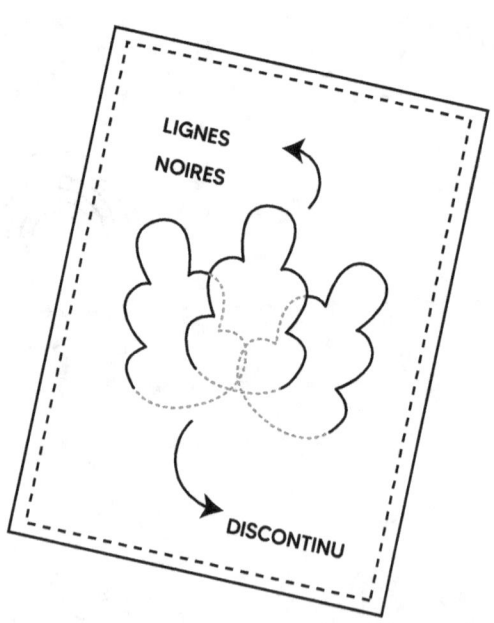

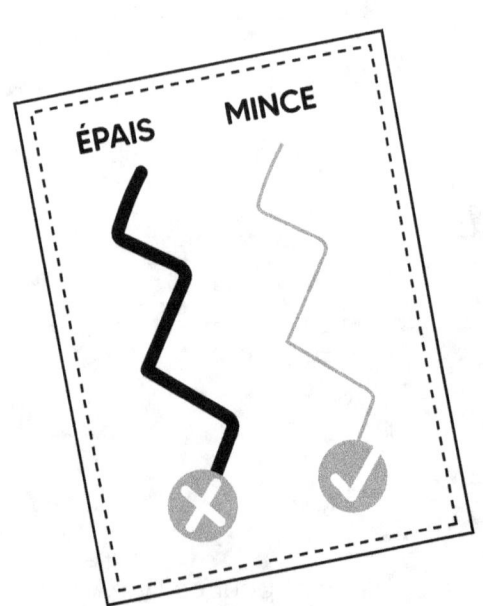

Commencez toujours par faire des **LIGNES MINCES**, ce qui vous permettra de corriger plus facilement vos erreurs.

Les **LIGNES ÉPAISSES** sont toujours plus difficiles à effacer.

GOMME

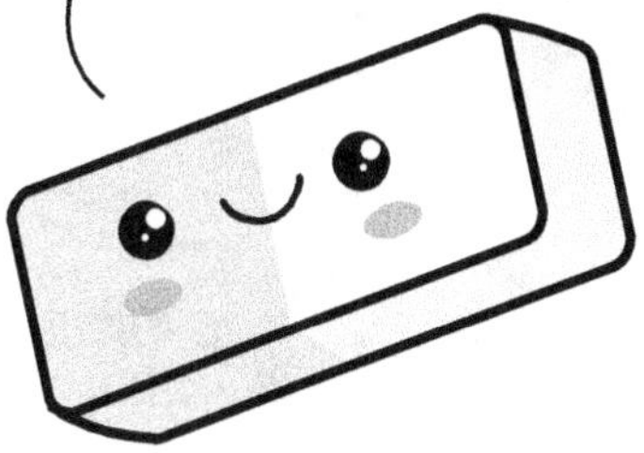

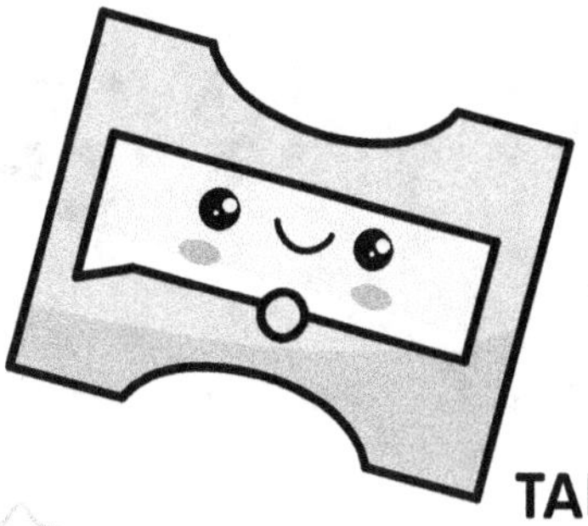

TAILLE-CRAYON

MATÉRIAUX

PAPIER

Vous n'aurez besoin que de **4 choses**

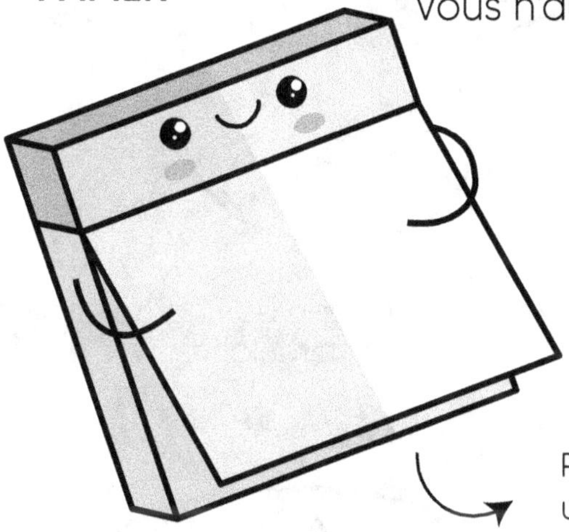

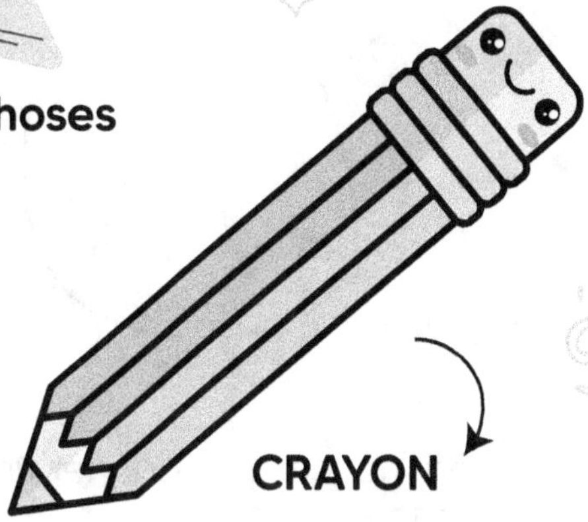

CRAYON

Pour éviter toute confusion et toute restriction,
utilisez du papier blanc sans lignes ni marques.

Nous pouvons tous dessiner!

Tous les dessins commencent par une **FORME DE BASE**

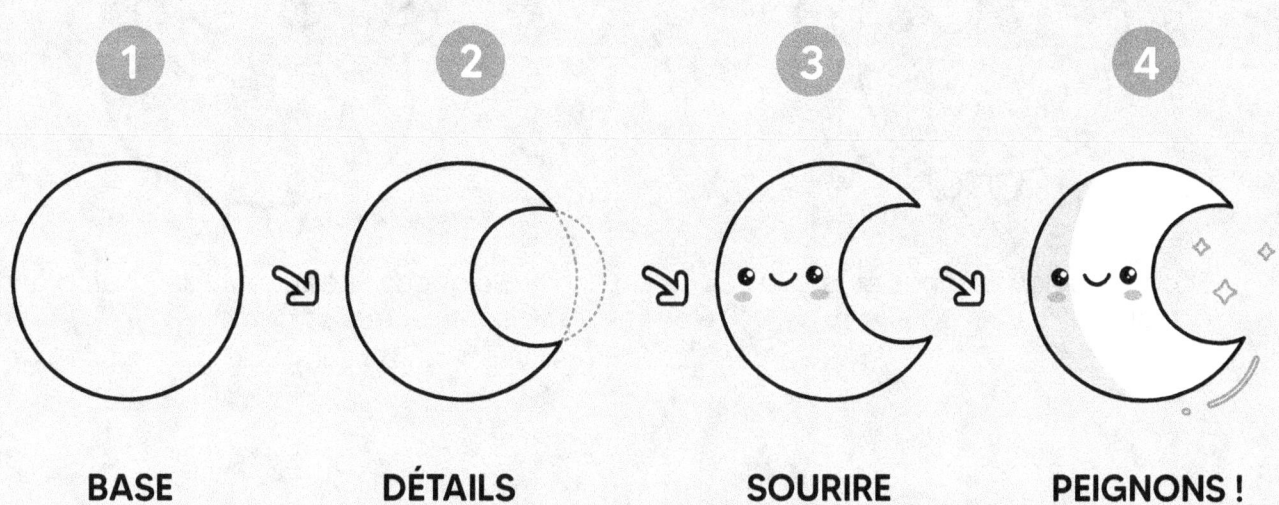

1   **2**   **3**   **4**

BASE   **DÉTAILS**   **SOURIRE**   **PEIGNONS !**

CHAMPIGNON

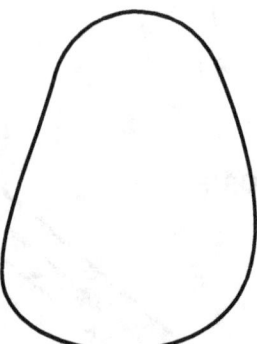

Commencez par donner une forme
allongée au pied du champignon

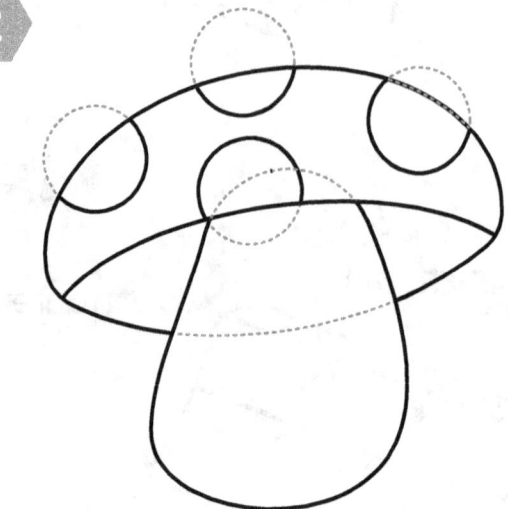

Dessinez le chapeau du champignon et
ajoutez 4 taupes circulaires

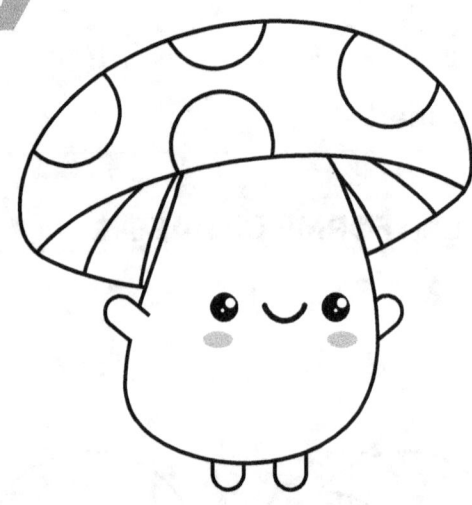

Encore quelques lignes et le tour
est joué!

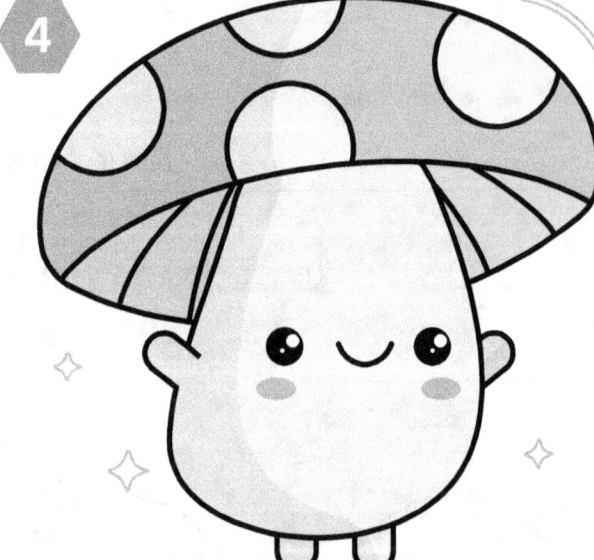

Peignons ! Beaucoup de champignons
sont rouges et blancs

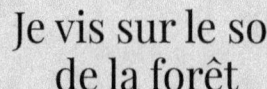

Je vis sur le sol
de la forêt

BOUGIE

 1

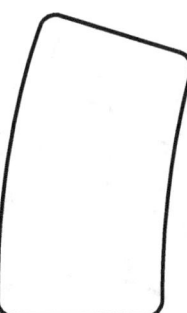

Commencez par un rectangle tordu

2

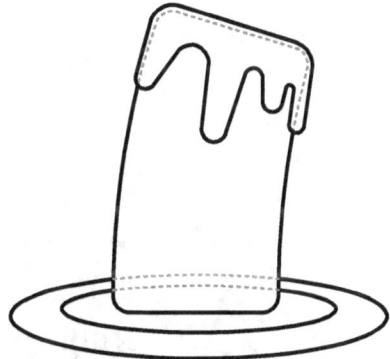

Dessinez une assiette et ajoutez-y de la cire fondue

3

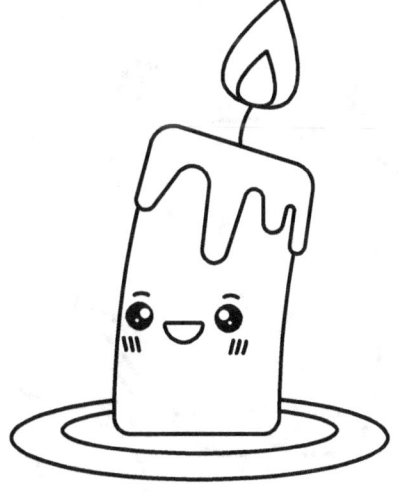

Allumez la bougie et ... Souriez!

4

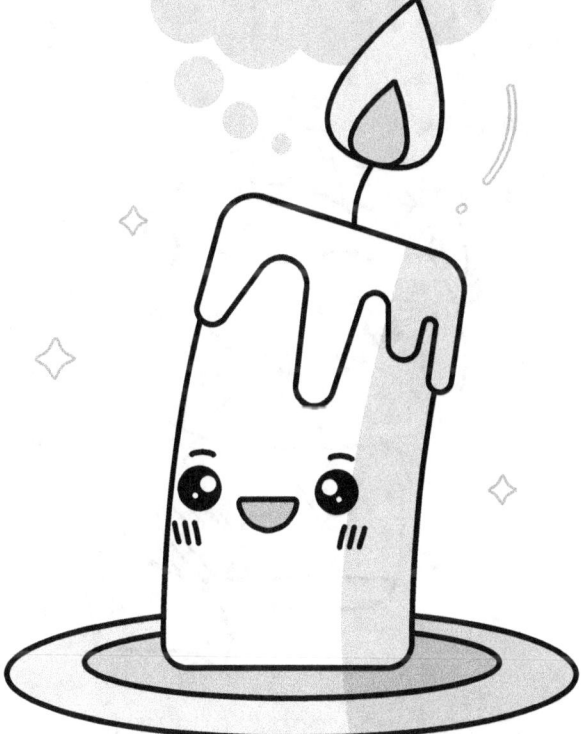

Je bouge avec le vent

Quelle est la couleur du feu?

LICORNE

1

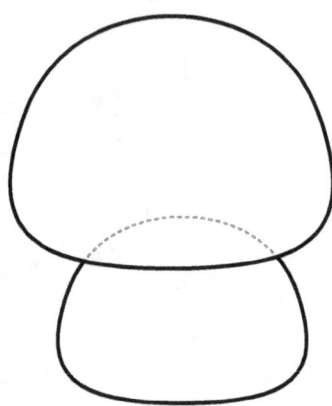

Commencer par 2 cercles aplatis

2

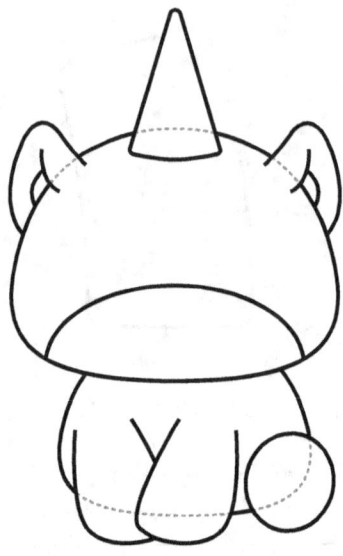

Dessine d'adorables pattes et une grande corne

3

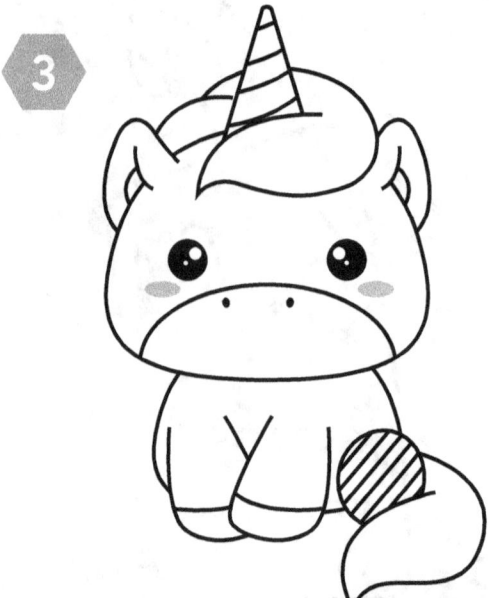

Il manque une longue queue duveteuse ET des lignes sur la corne!

4

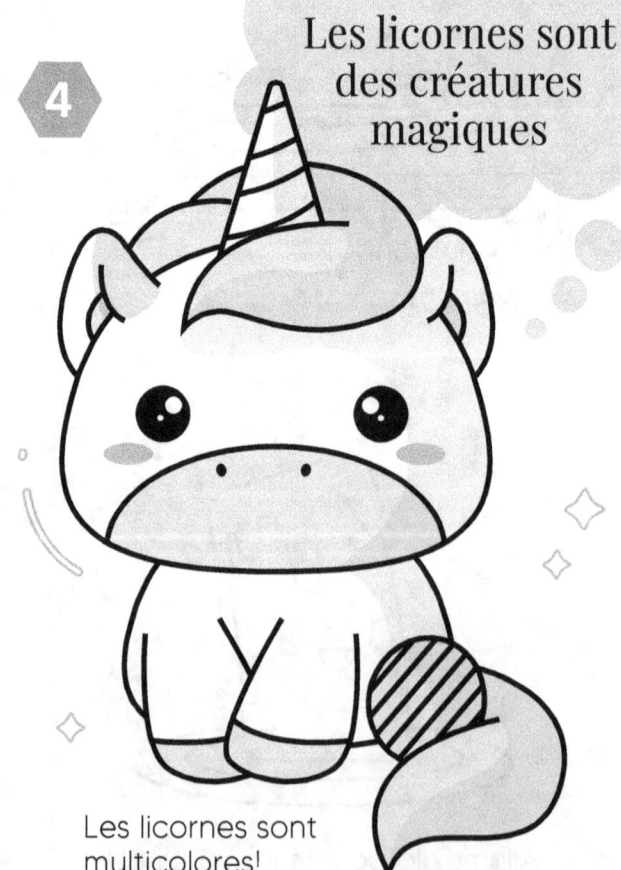

Les licornes sont des créatures magiques

Les licornes sont multicolores!

ARBRE

1

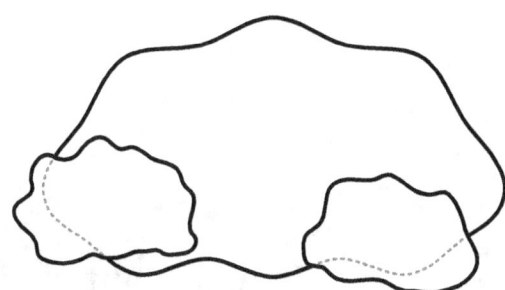

Dessinez 3 nuages pour la cime de l'arbre

2

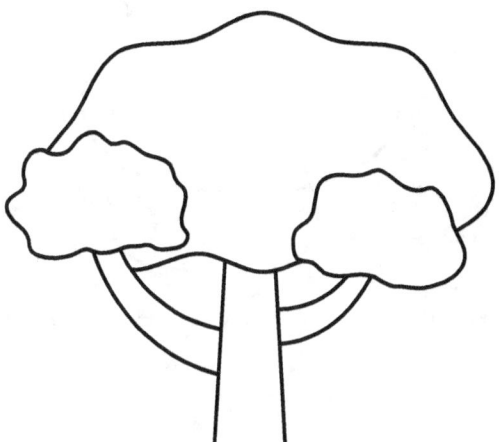

Ajouter le tronc et les branches

3

Inserez de l'herbe et quelques pierres

4

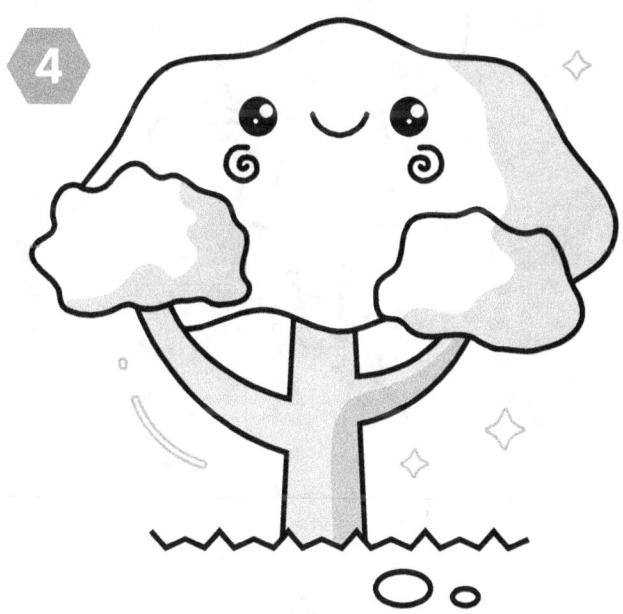

La cime est verte et le tronc est brun

Nous
pouvons vivre des
centaines d'années!

LAPIN

 1

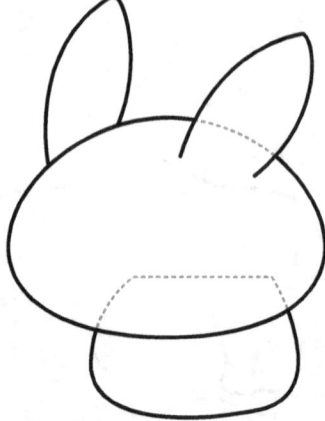

Dessiner un corps avec de longues oreilles

2

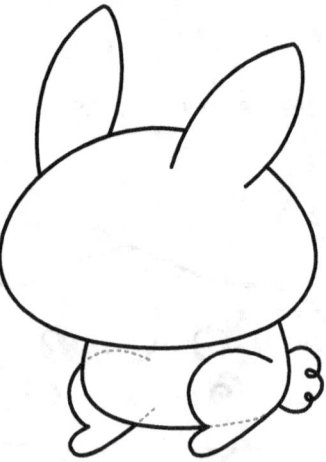

Ajoutez des pattes arrière

3

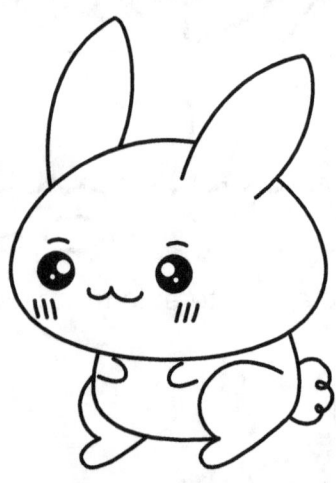

Adorables bras et petit visage

4

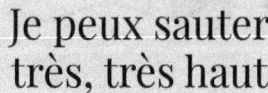

Je peux sauter très, très haut

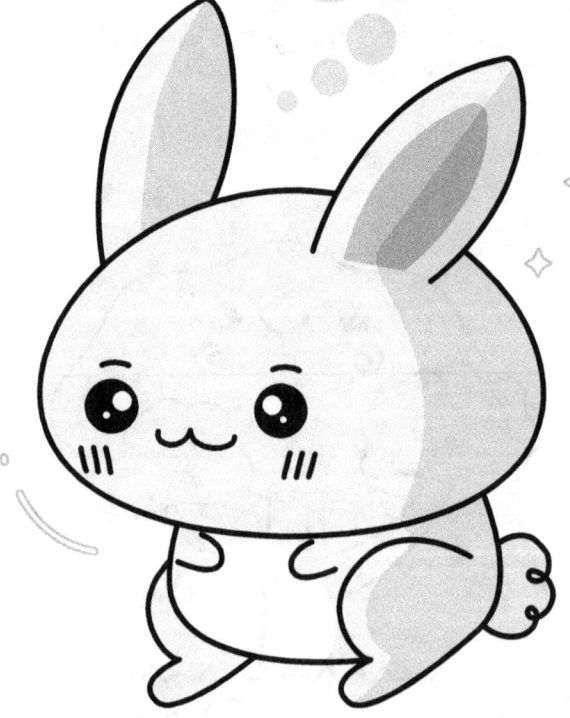

Que diriez-vous d'un lapin jaune?

CAROTTE

1

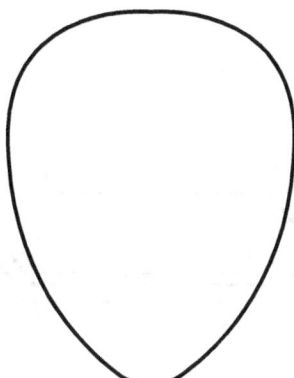

Dessiner un ovale pointu

2

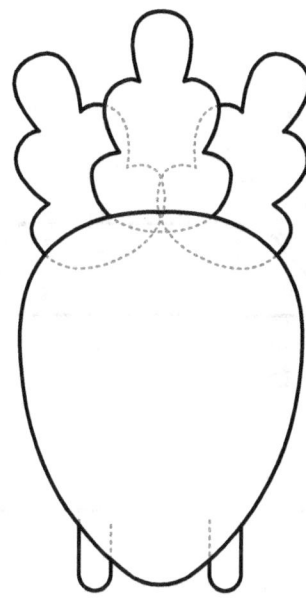

Ajouter 3 feuilles sur le dessus

3

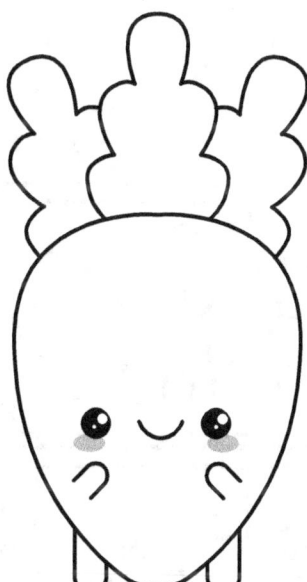

Enfin, des petits bras, des jambes et des yeux kawaii

4

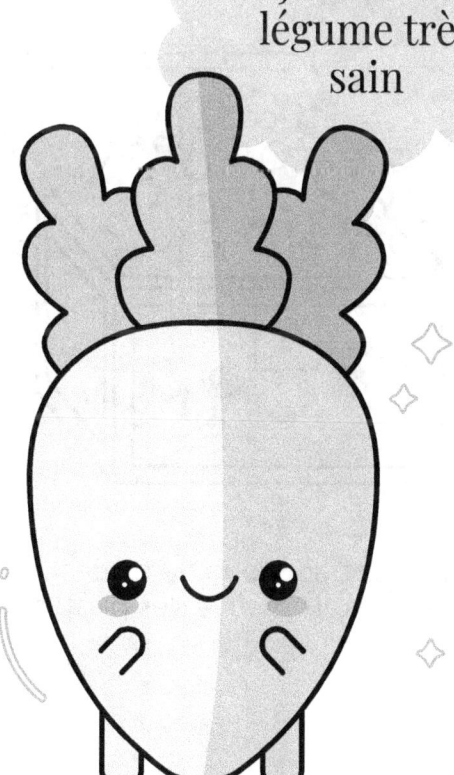

Je suis un légume très sain

Peignons! Les carottes sont orange

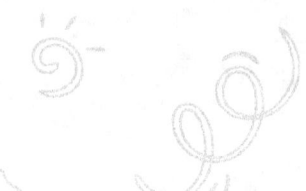

TRÉSOR

1

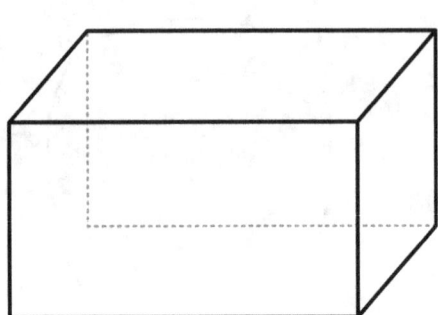

Crée une boîte à partir de 2 rectangles

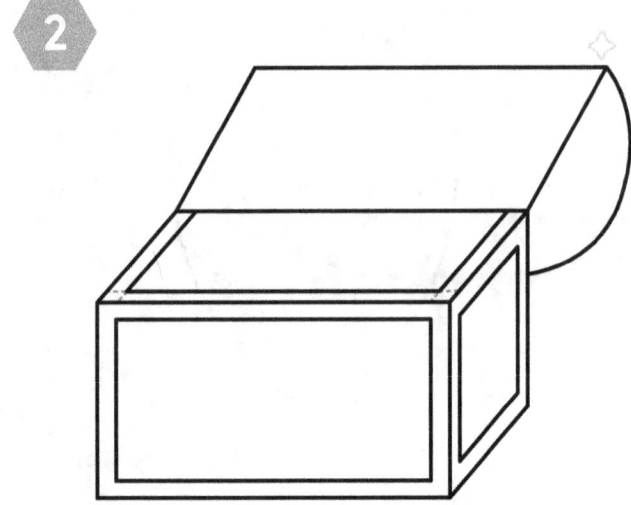
2

Tracer des lignes pour le couvercle du coffre

3

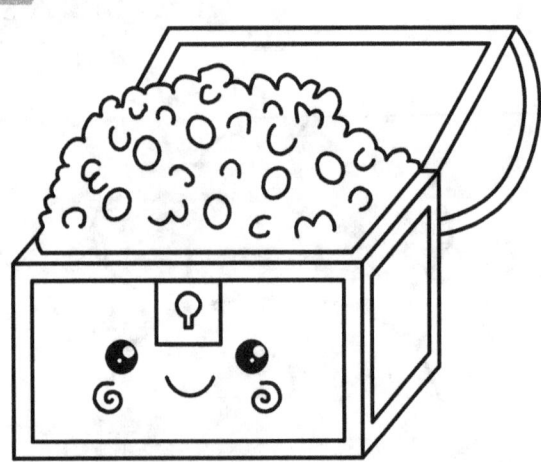

Inserez beaucoup de pièces! Et une serrure à l'épreuve des pirates

4

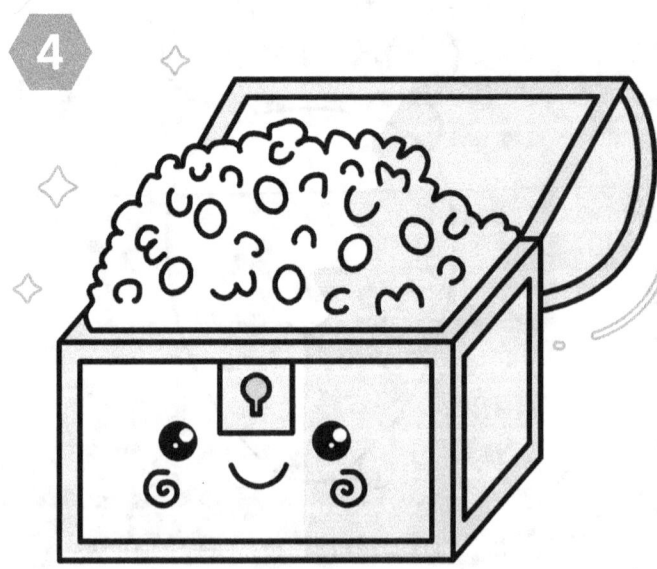

Colorie les pièces d'or en jaune

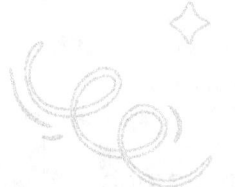

Tous les pirates
me cherchent

CALENDRIER

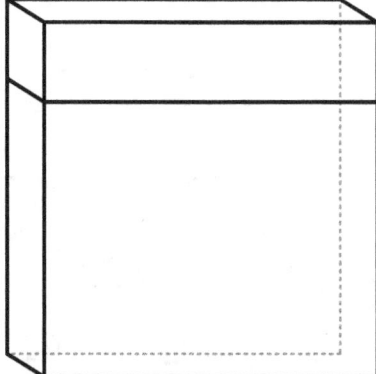

1 Créez deux rectangles distincts et joignez-les pour créer une perspective

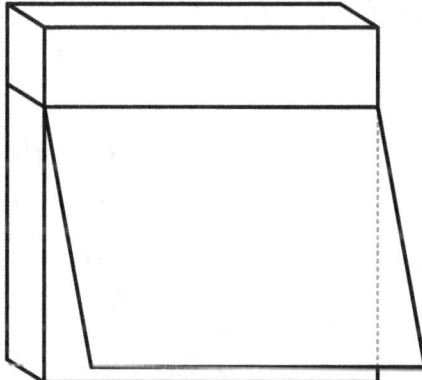

2 Ajouter une ouverture de page

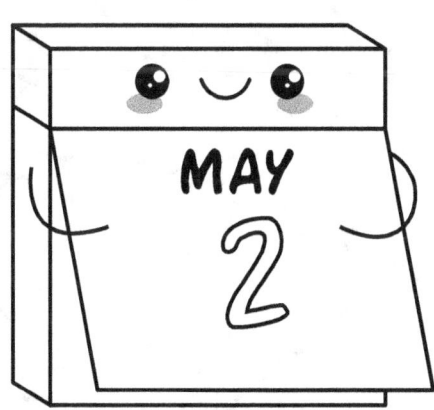

3 Inscrivez la date de votre anniversaire!

4

J'ai 365 pages

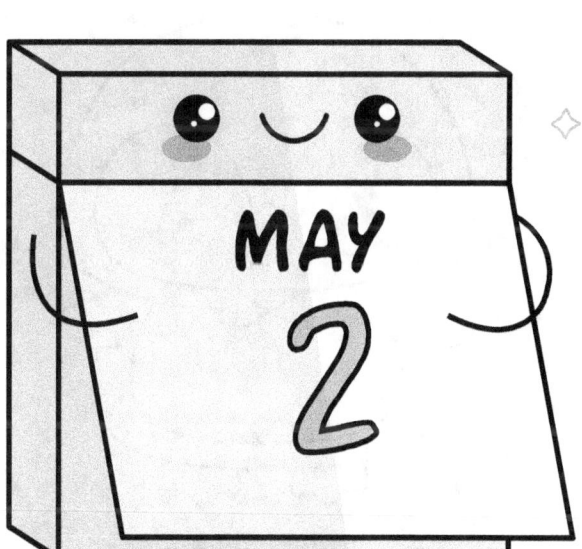

Peignons ! Tu peux le laisser vierge ou peindre les pages en bleu clair

PINGOUIN

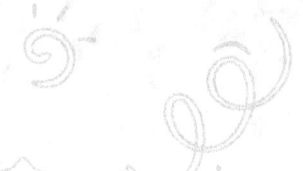

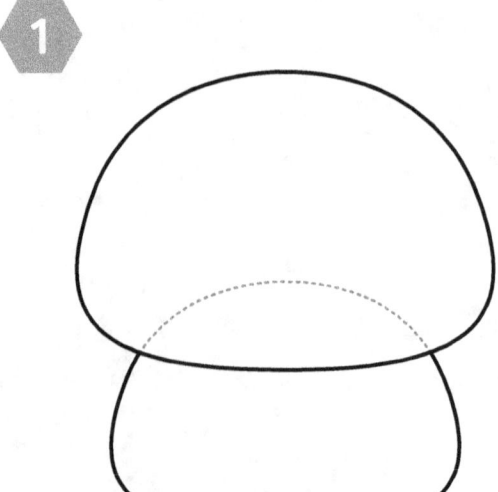

Commencer par 2 cercles aplatis

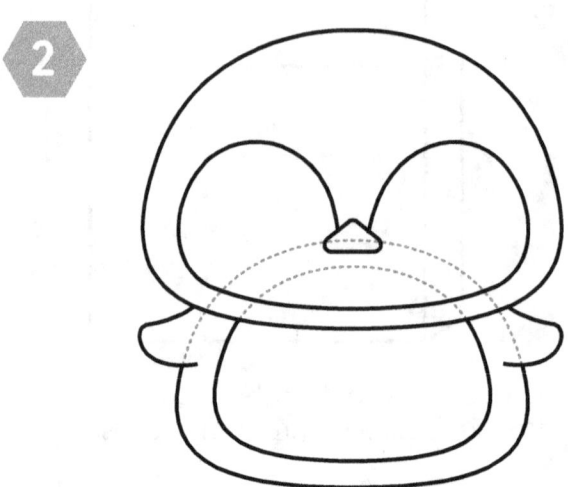

Il est temps de dessiner le ventre et le visage pour former le pingouin

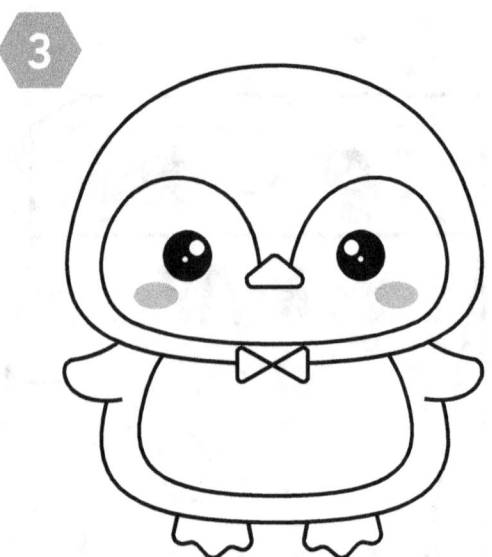

Ajoutez des yeux énormes, des pattes et un joli nœud papillon

Mes plumes me protègent du froid

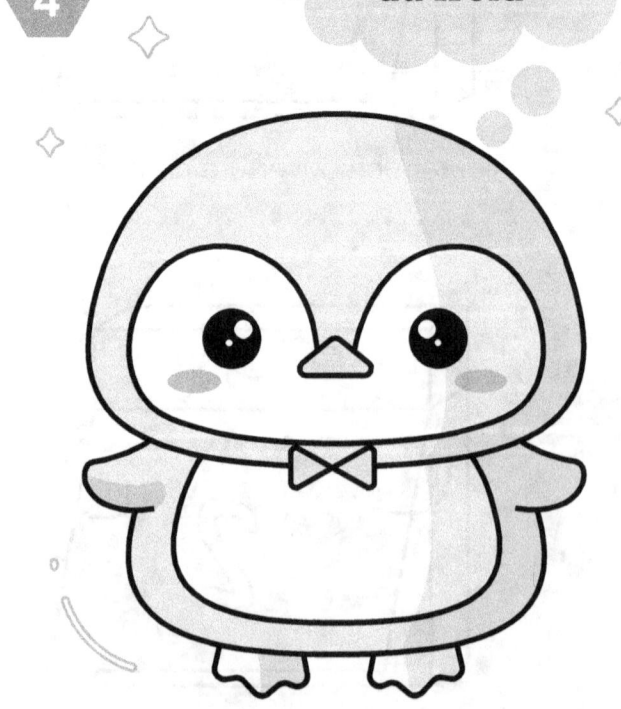

Quelle couleur souhaitez-vous peindre?

CHOCOLAT

1

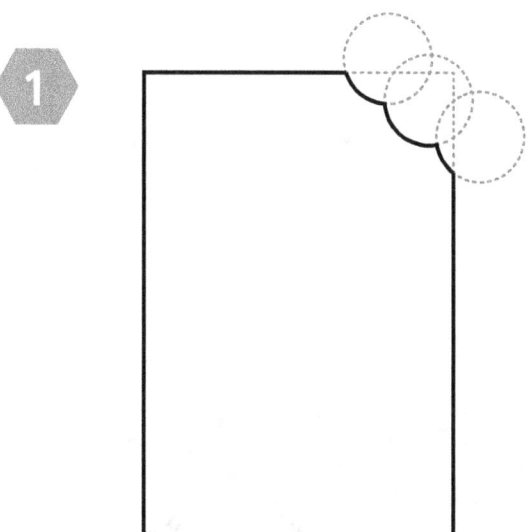

Mordre le coin supérieur d'un rectangle, avec 3 cercles

2

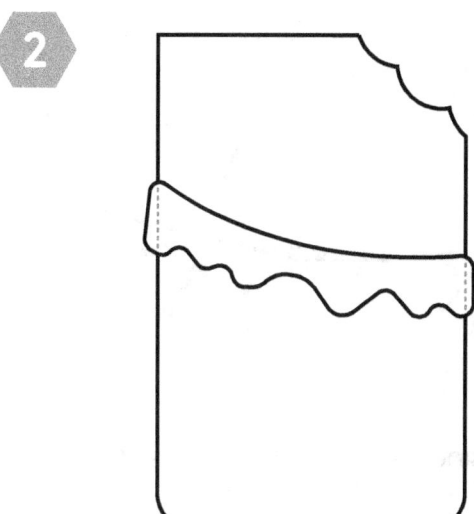

Dessinez l'emballage de chocolat ouvert

3

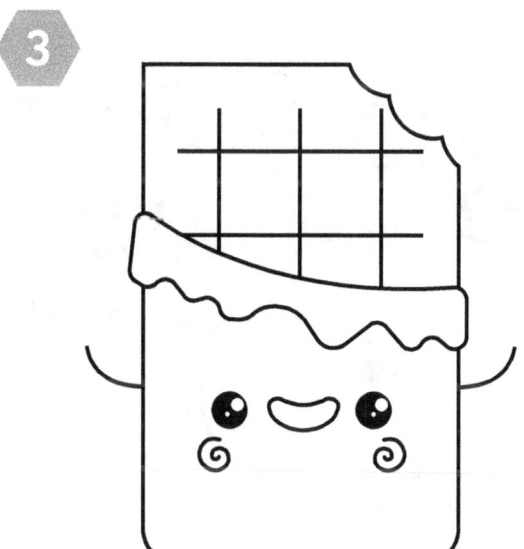

Il manque une grille pour qu'il s'agisse réellement d'une tablette

4

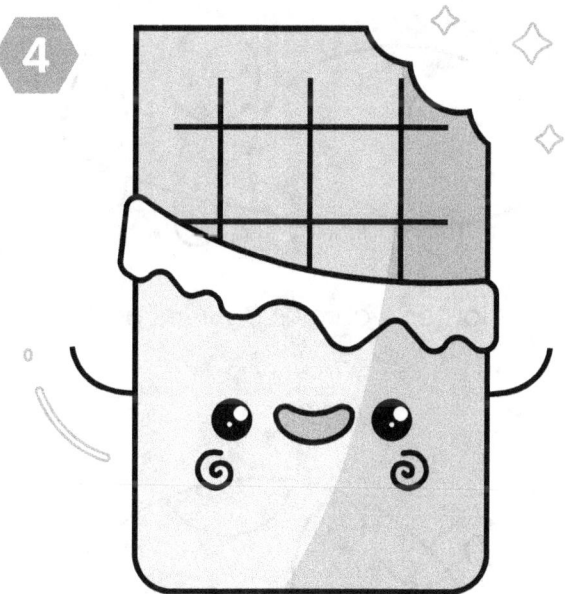

Chocolat noir ou au lait?

Je viens d'un fruit !

COCCINELLE

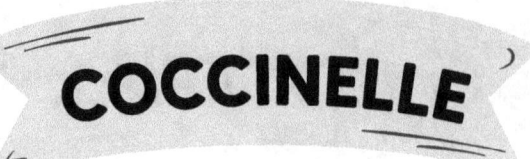

1

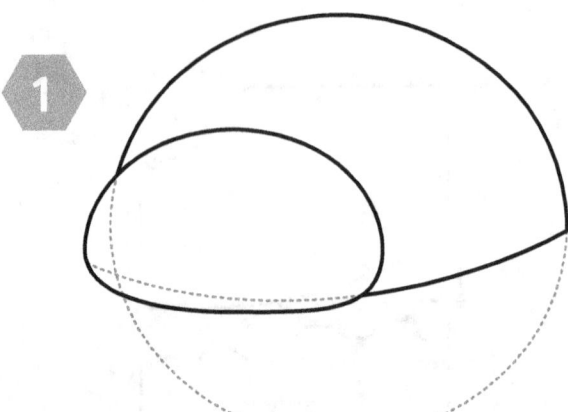

Dessiner les figures de base du corps

2

Ajouter 4 cercles pour les pois

3

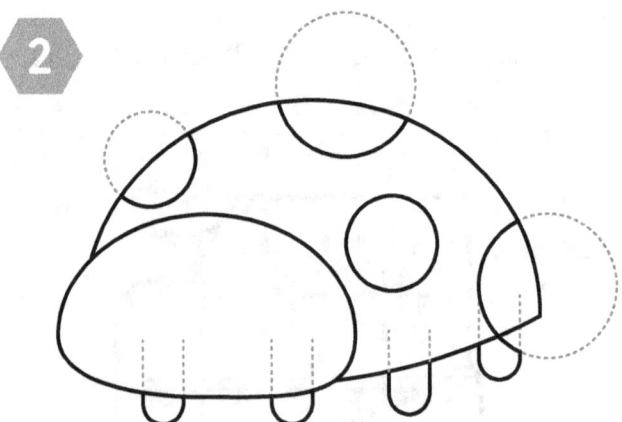

Et des antennes en spirale!

4

M'avez-vous déjà vu?

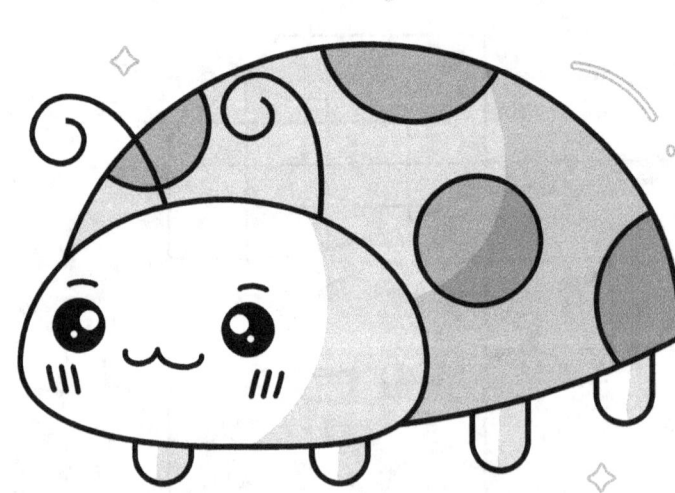

Les coccinelles sont rouges et noires

OVNI

1

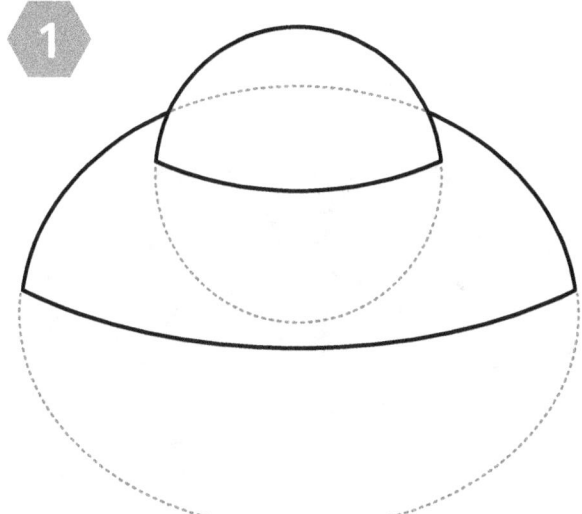

Dessinez un demi-ovale et un demi-cercle

2

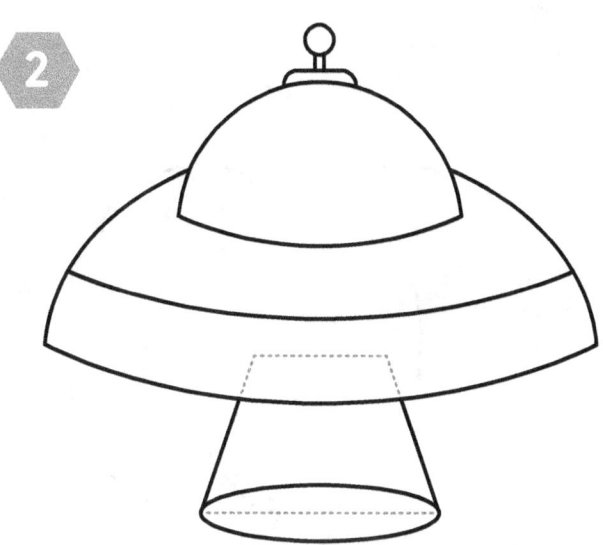

Ajouter une lampe à succion sous l'OVNI

3

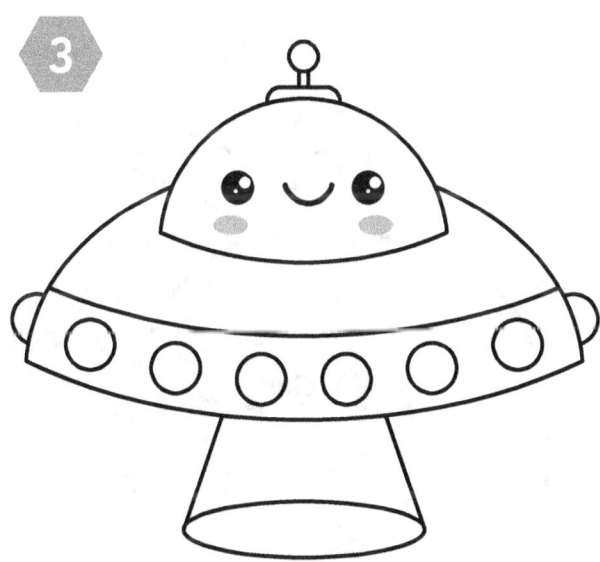

Ajoutez autant de détails que vous le souhaitez!

4

Je peux voyager dans les galaxies

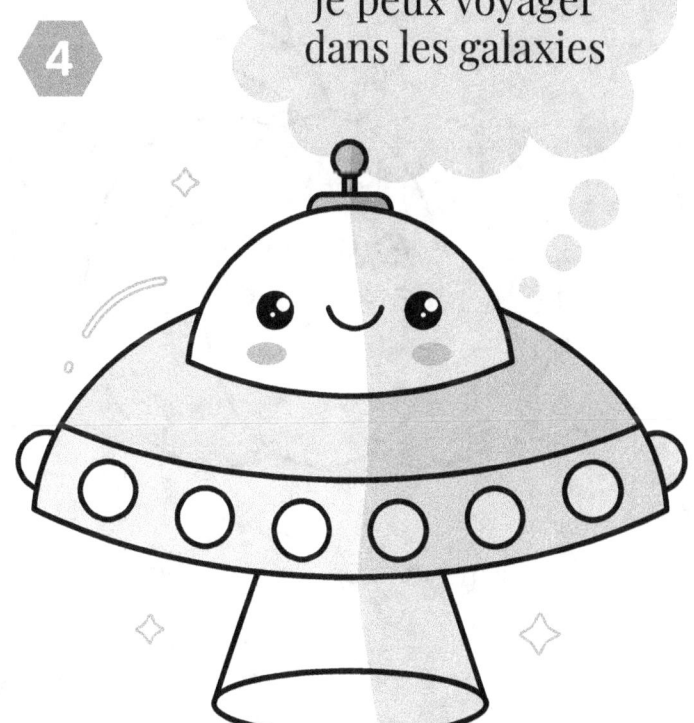

Peignons ! Les ovnis peuvent être de n'importe quelle couleur

CITROUILLE

1

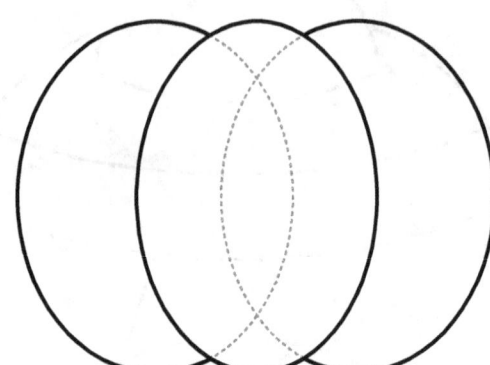

Dessinez 3 ovales ensemble

2

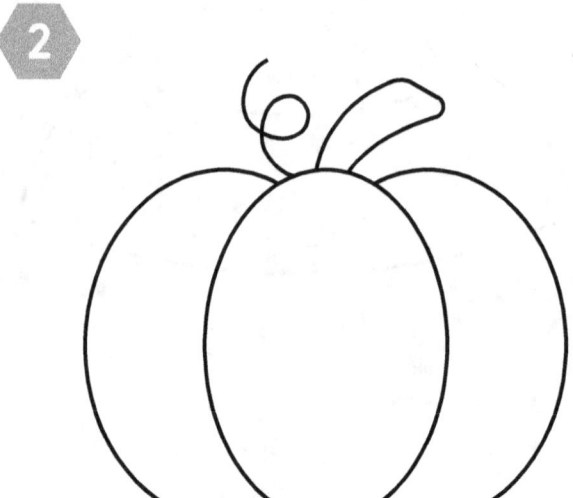

Maintenant le tronc et une queue en spirale

3

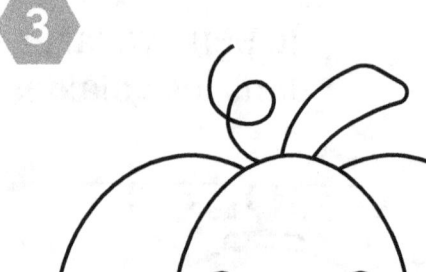

Il manque un sourire kawaii!

4

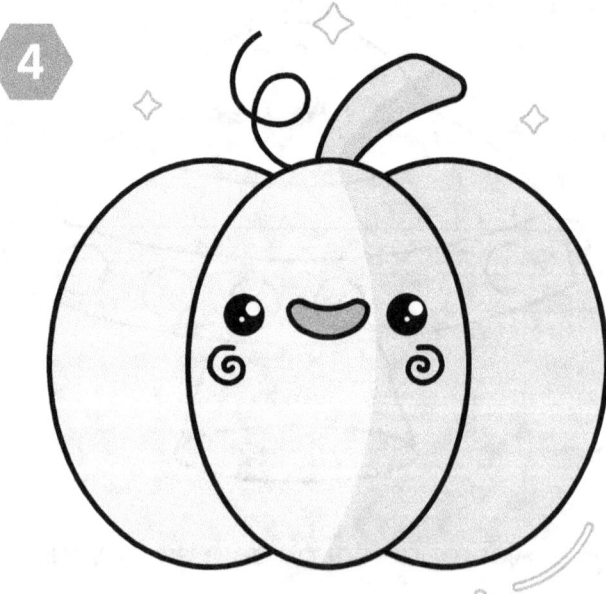

Peignons! Les citrouilles sont orange

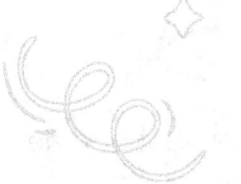

Je suis très typique de l'automne

VÉLO

1

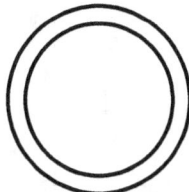 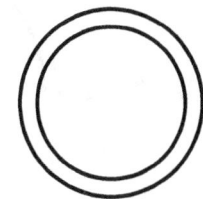

Dessinez quatre cercles, deux et deux

2

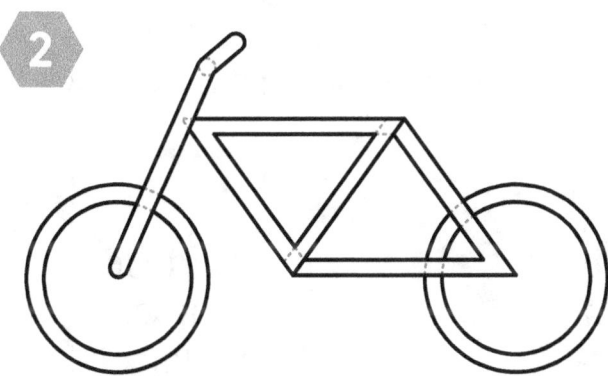

Ajoutez des triangles et des lignes pour créer un cadre

3

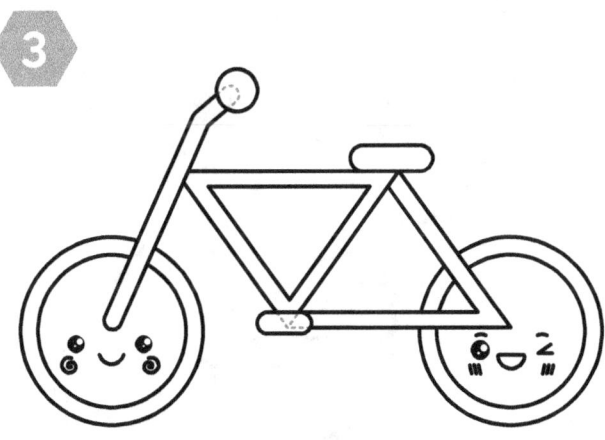

Dessinez plus de détails et deux smileys

4

Je suis bien mieux qu'une voiture

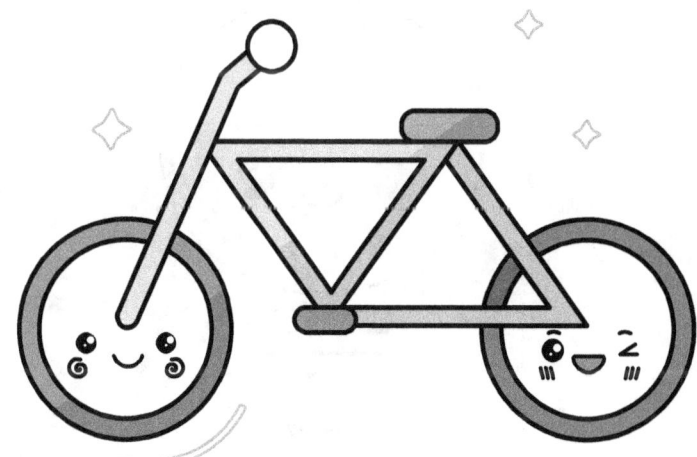

Il y a des vélos de toutes les couleurs!

AMPOULE

1

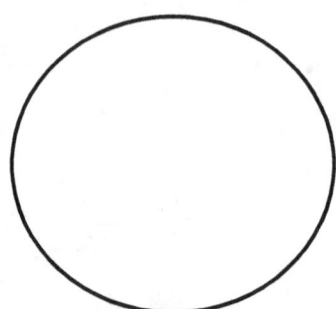

Dessiner un cercle ou un ovale

2

Ajouter d'autres figures pour créer une base

3

Faites-la briller et souriez!

4

J'aide les lampes à éclairer

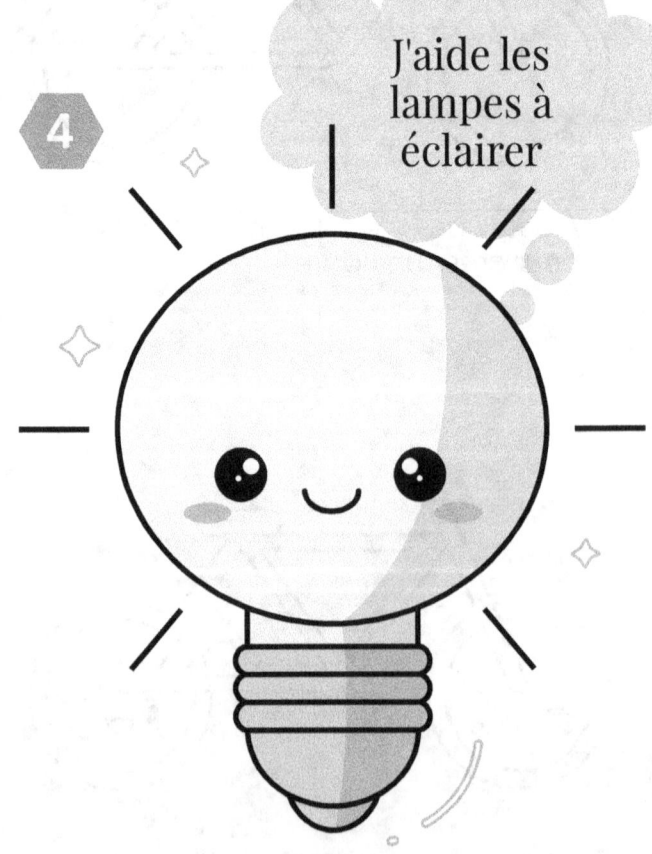

Peignons! Peut être blanc ou jaune

SUSHI

1

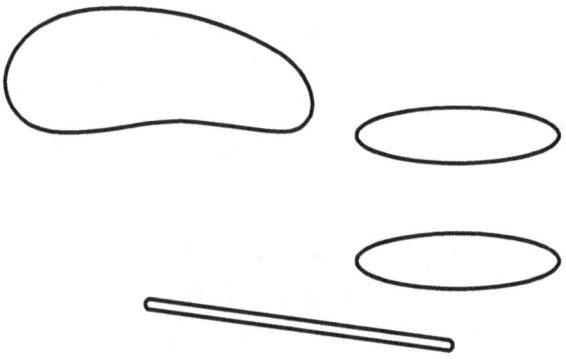

Dessiner des formes pour la base des sushis

2

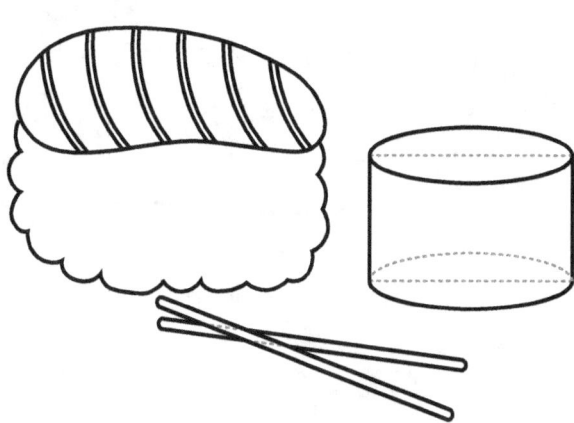

Ajoutez un nuage et plusieurs lignes pour former les deux morceaux de sushi.

3

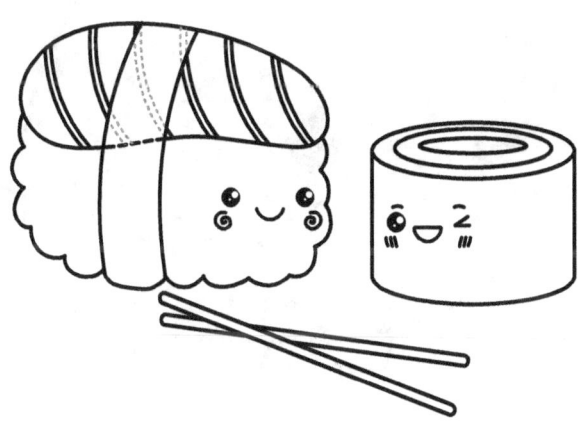

Il manque l'algue qui entoure le sushi et deux petits visages super adorables!

4

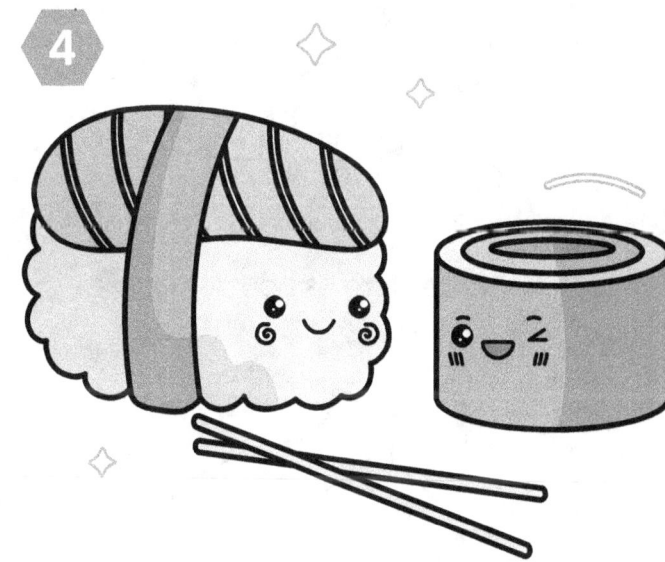

Peignons ! Le sushi est orange, vert, blanc et noir.

Nous venons tout droit du Japon!

OISEAU

1

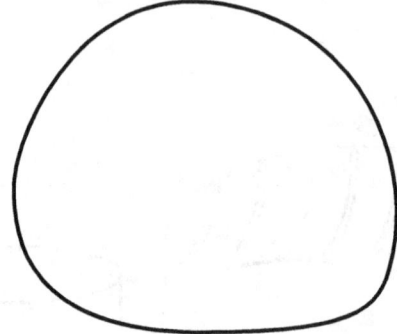

Dessiner un cercle irrégulier

2

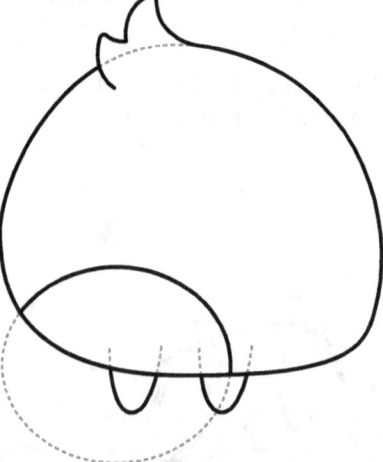

Créer des formes pour les jambes

3

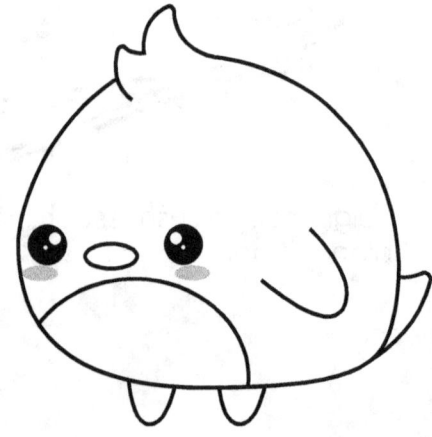

N'oubliez pas l'adorable visage !

4

Je chante tous les matins

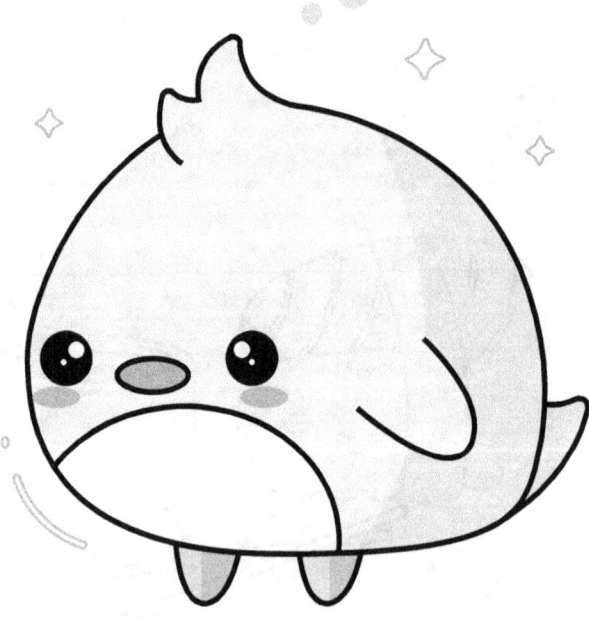

Peignons! Les oiseaux sont toujours colorés

BISCUIT

1

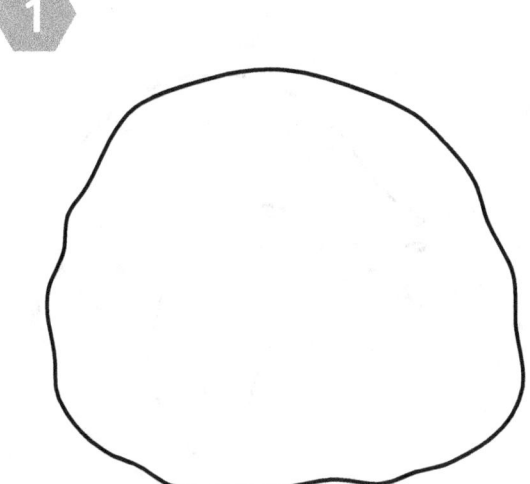

Commence par un cercle irrégulier

2

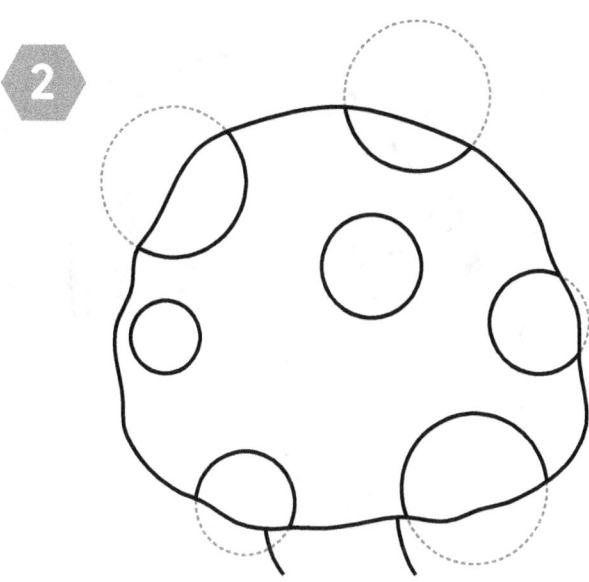

Faire des cercles pour les pépites de chocolat

3

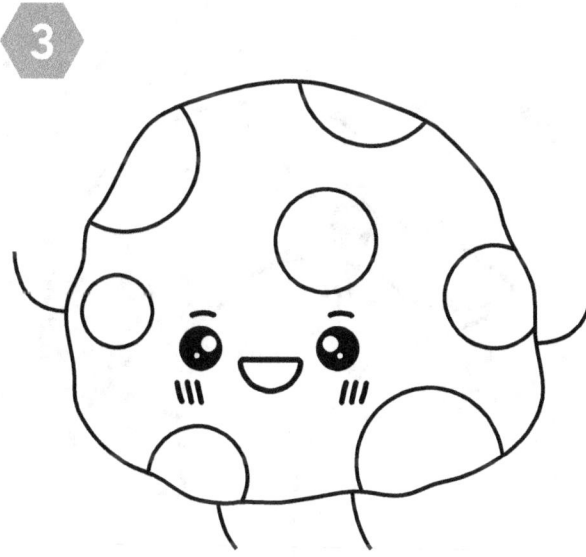

Il manque les bras et un grand sourire!

4

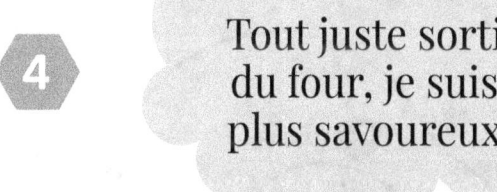

Tout juste sorti du four, je suis plus savoureux

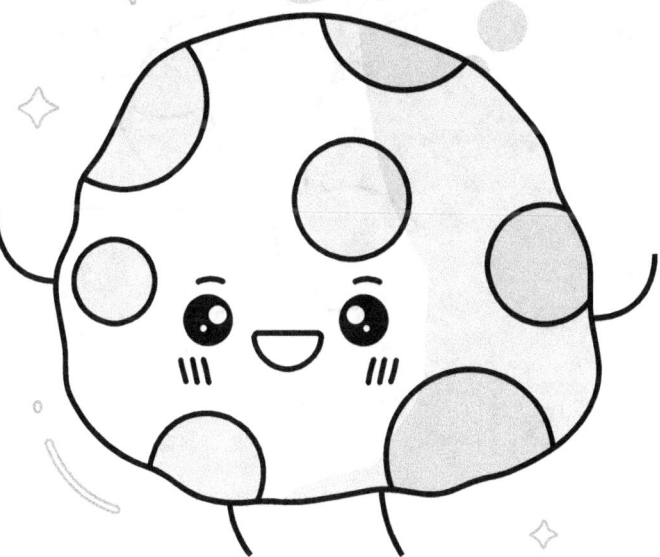

Peignons ! Peut être beige et marron

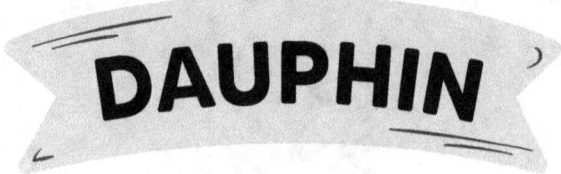

DAUPHIN

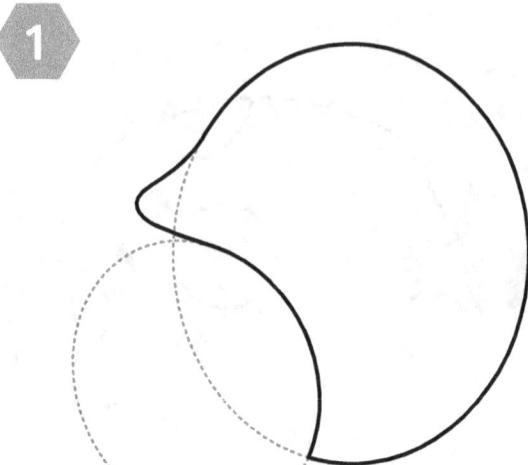

Crée 2 ovales qui se croisent

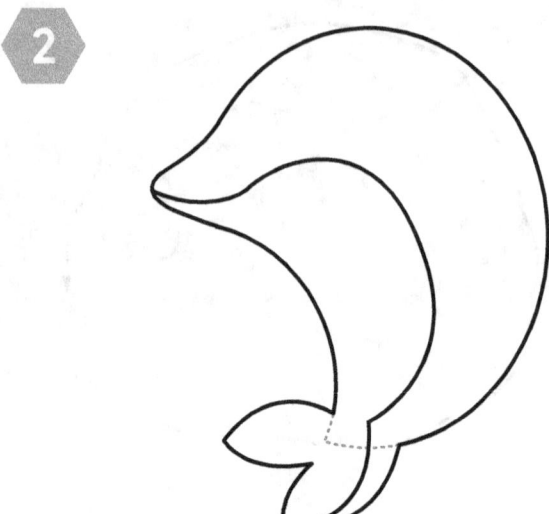

Façonner le ventre en forme de lune et ajouter la queue

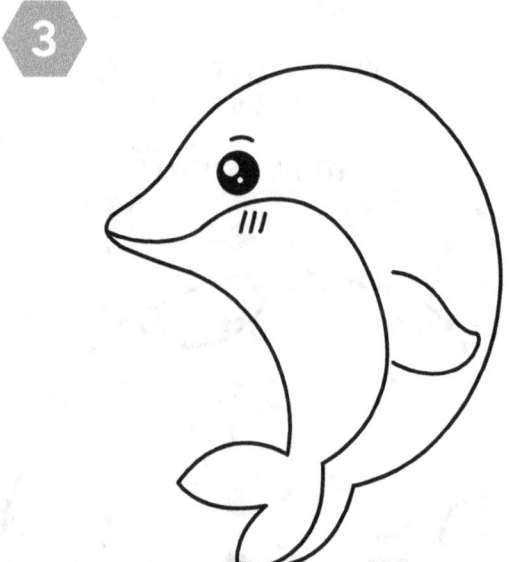

Il manque l'œil et la nageoire!

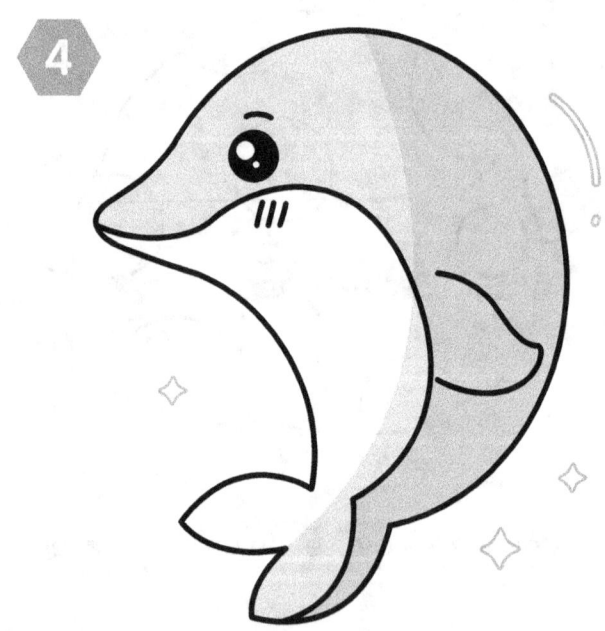

Quelle sera la couleur de votre dauphin?

J'aime
chanter avec
d'autres dauphins

MOTO

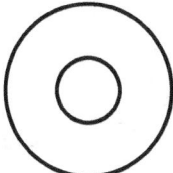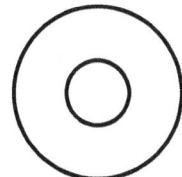

Dessinez une paire de cercles avec des cercles plus petits à l'intérieur

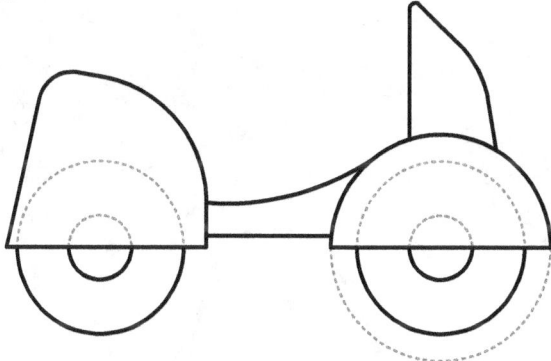

Ajouter d'autres formes pour créer le siège

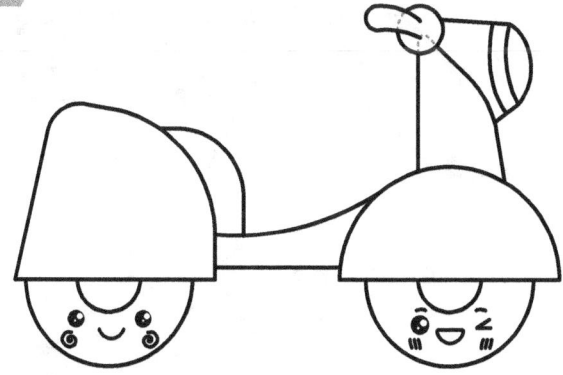

Les détails manquent! Guidon et feux

Je peux t'emmener où tu veux

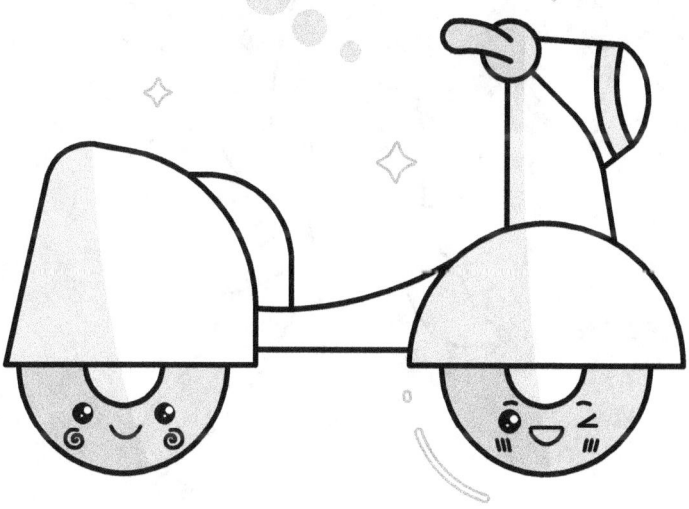

Peignez-le dans votre couleur préférée!

BANANE

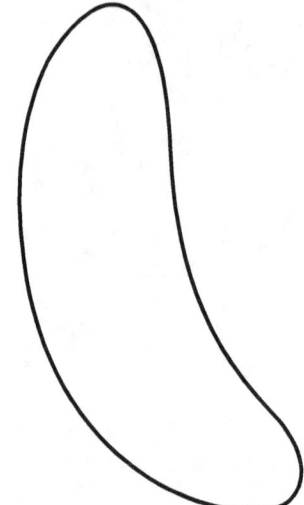

Dessiner une forme allongée

Ajouter le zeste des deux côtés

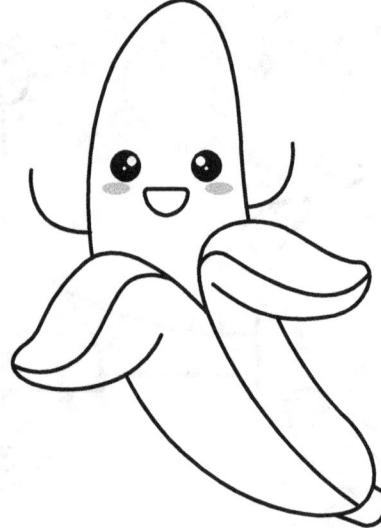

Plus de détails! Un visage
heureux et des petits bras

Vous ne devez
pas me marcher
sur les pieds !

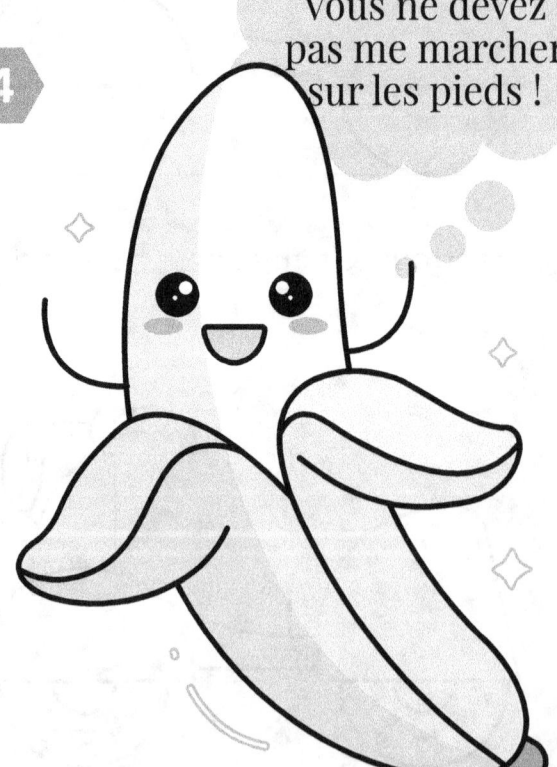

Utiliser différentes nuances de jaune

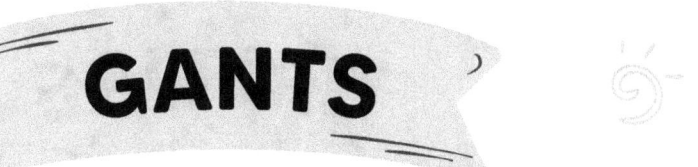

GANTS

1

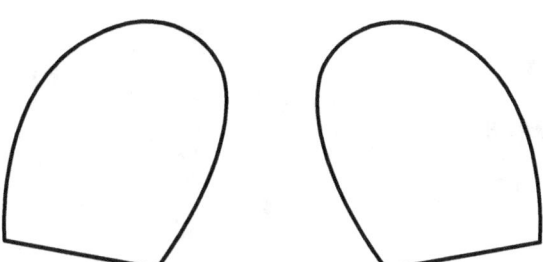

Dessinez 2 formes inversées

2

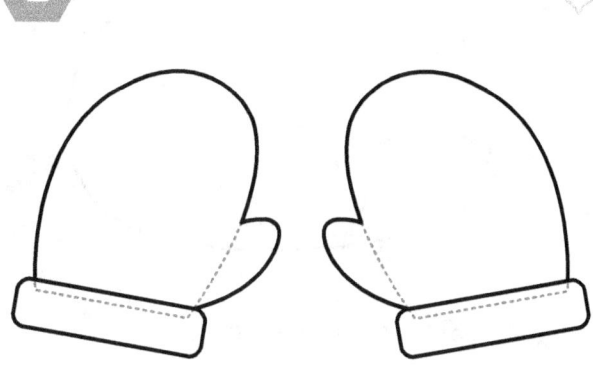

Ajouter les pouces et les poignets

3

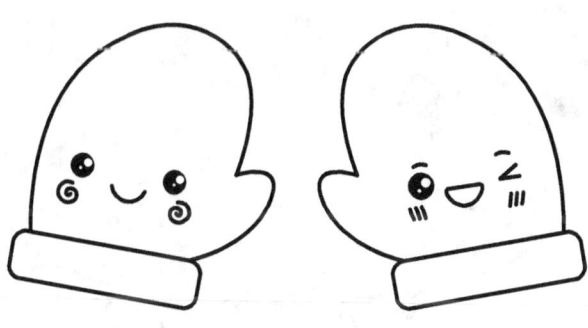

Rendez-les heureux!

4

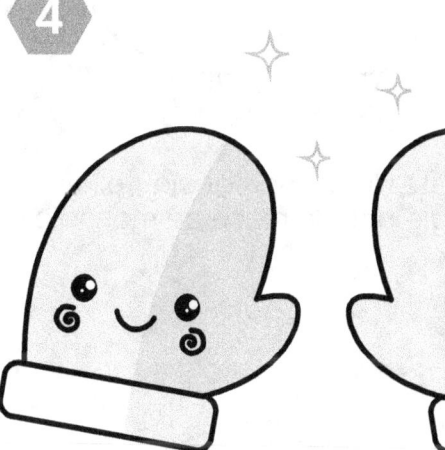

Peignez-les dans la couleur de votre choix!

Nous
protégeons vos
mains du froid

TIRELIRE

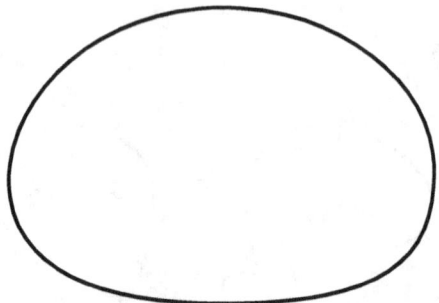

1 Simple! Une forme ovale

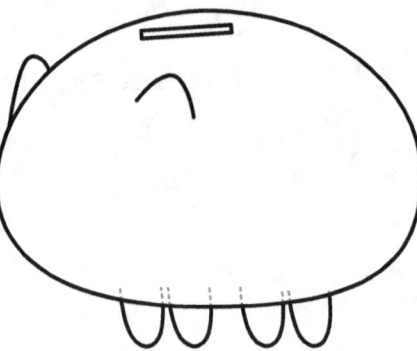

2 Complétez le cochon et ajoutez un rectangle pour la pièce de monnaie

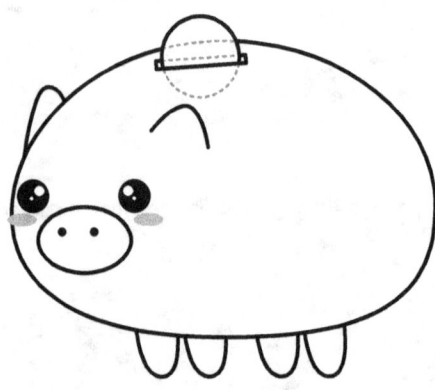

3 N'oubliez pas la pièce de monnaie!

4

Je vous aide à économiser!

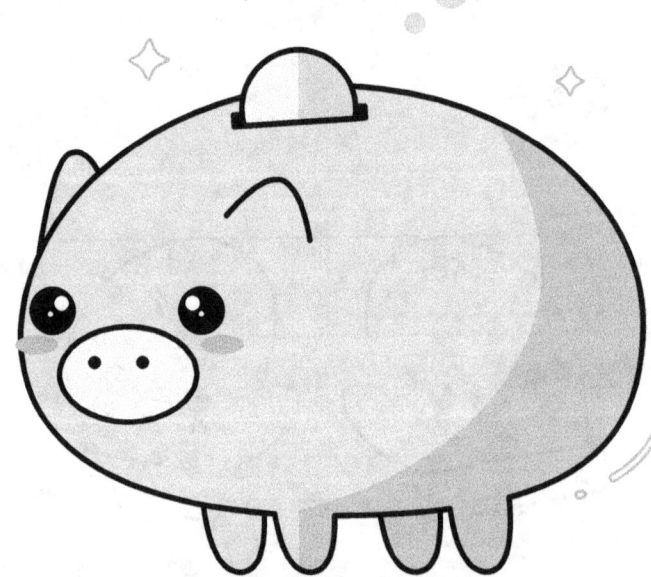

Peignez-le en rose et jaune!

OURS

1

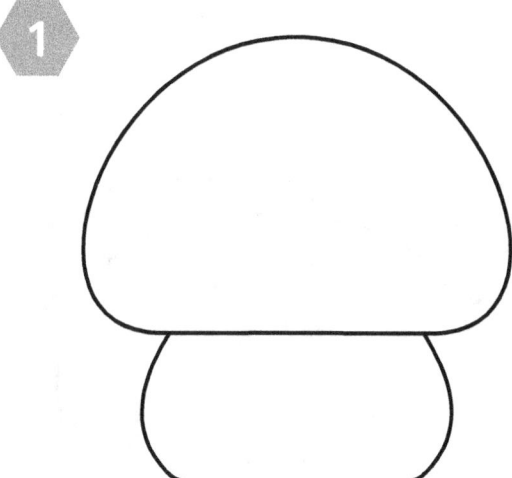

Commencer par une forme de champignon : 2 cercles aplatis

2

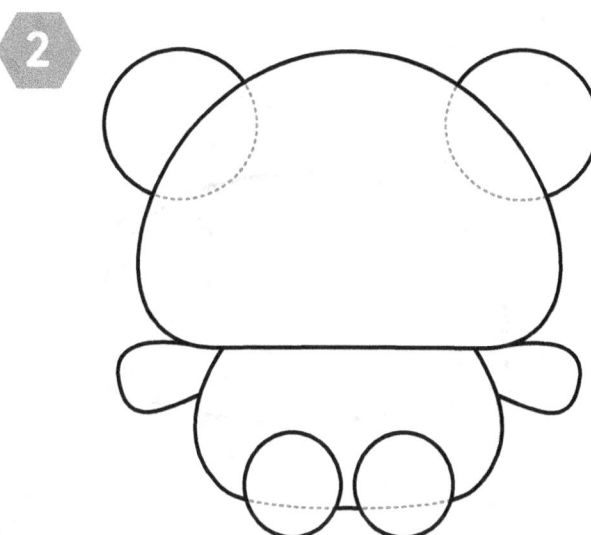

Faites des cercles pour les oreilles et les pattes

3

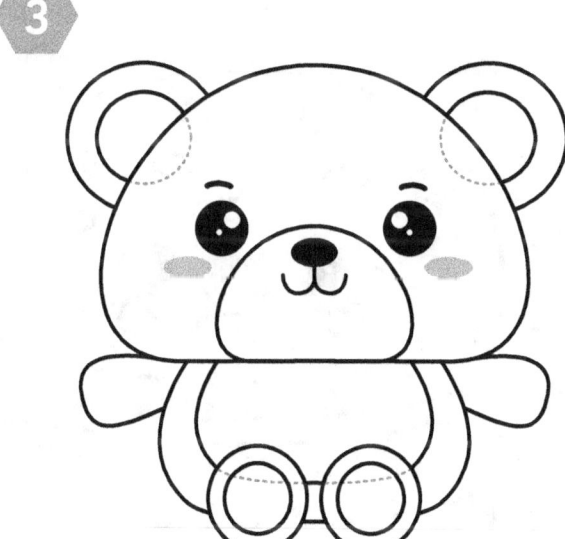

Rendez-le câlin, comme un animal en peluche

4

J'ai l'air sympa mais je suis féroce

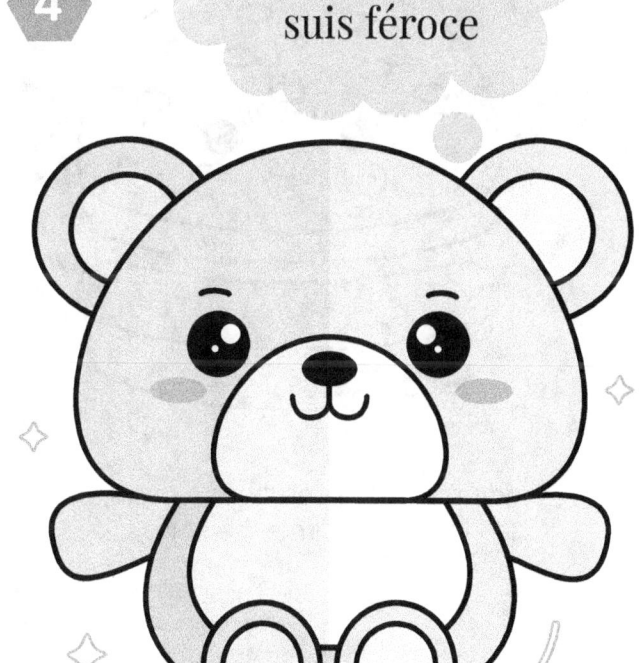

Les ours bruns sont brun

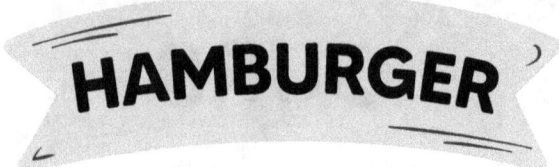

HAMBURGER

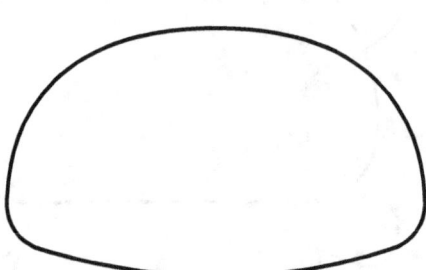

Commençons par le couvercle du pain

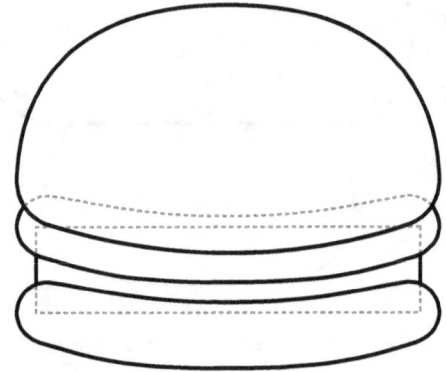

Ajouter les flats de hamburger

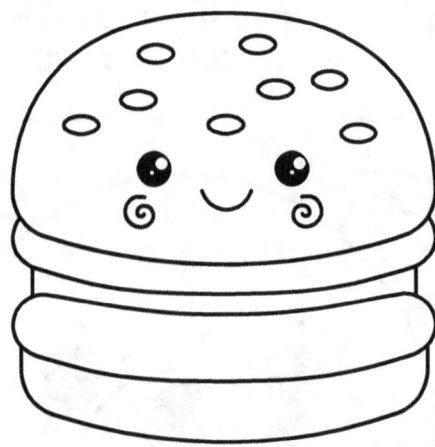

Inclut des graines dans le pain et des joues en forme de spirale

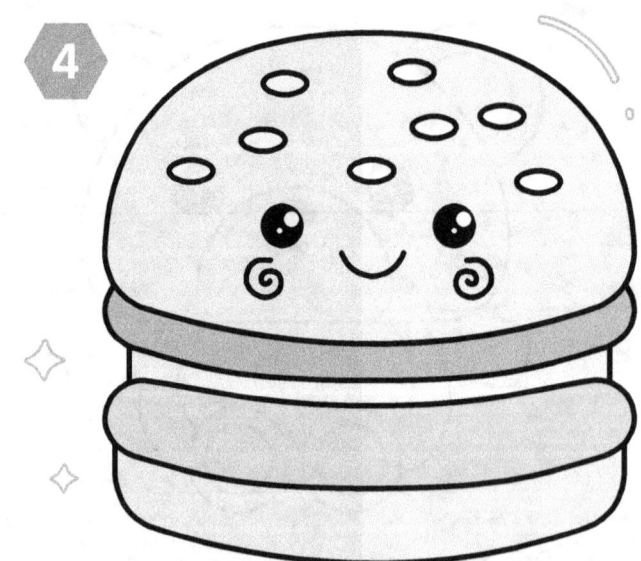

Peignons ! Le pain est beige, la viande est brune et la laitue est verte

Boeuf
ou poulet?

COUSSIN

 Dessinez les 4 extrémités du coussin en forme de "U"

 Relie les pointes les unes aux autres par des lignes convexes

 Je suis doux et très moelleux

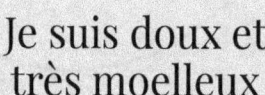

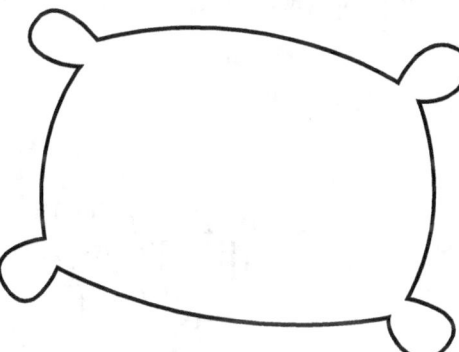

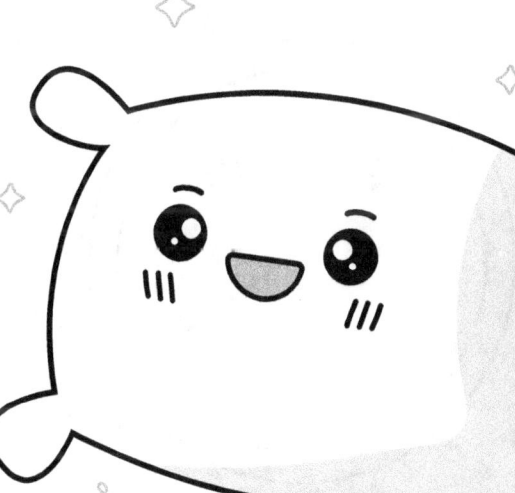 Peignez-le, comme le coussin de votre chambre

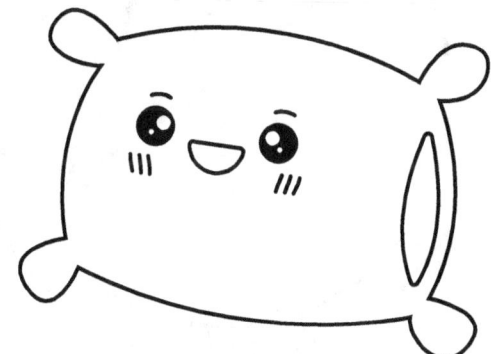 Faites-le sourire !

HORLOGE

1

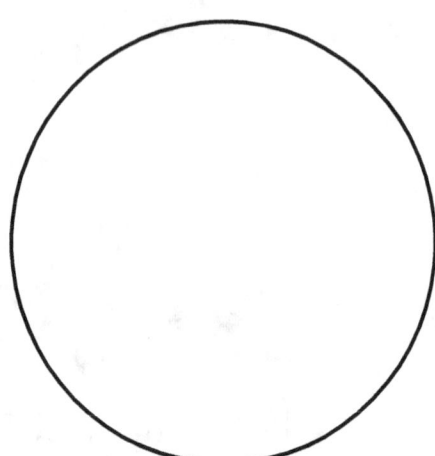

Dessiner un cercle parfait

2

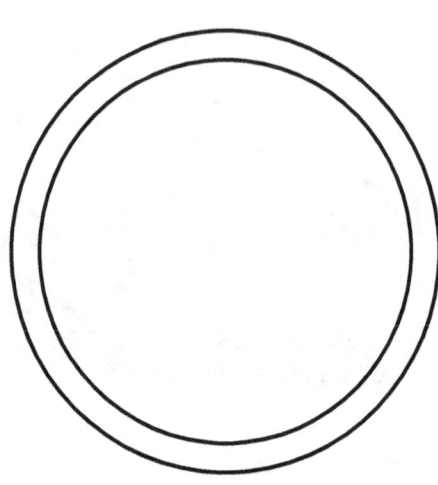

Ajouter un autre cercle à l'intérieur du premier

3

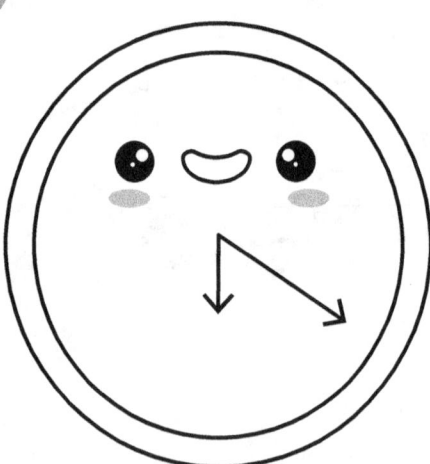

Maintenant 2 mains et un smiley

4

Je peux vous dire l'heure qu'il est

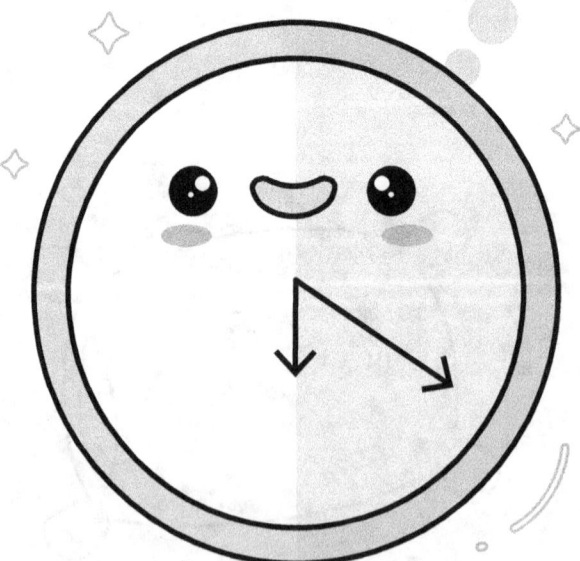

Peignez-le dans la couleur de votre choix!

CHAT

1

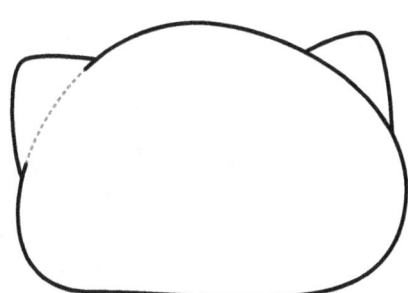

Commence par un cercle aplati et deux triangles

2

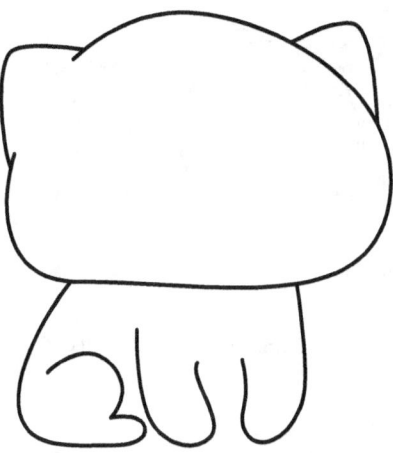

Ajouter les jambes et le corps

3

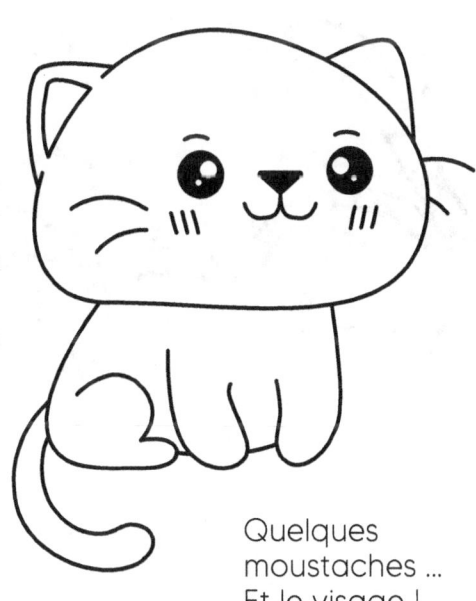

Quelques moustaches ...
Et le visage !

4

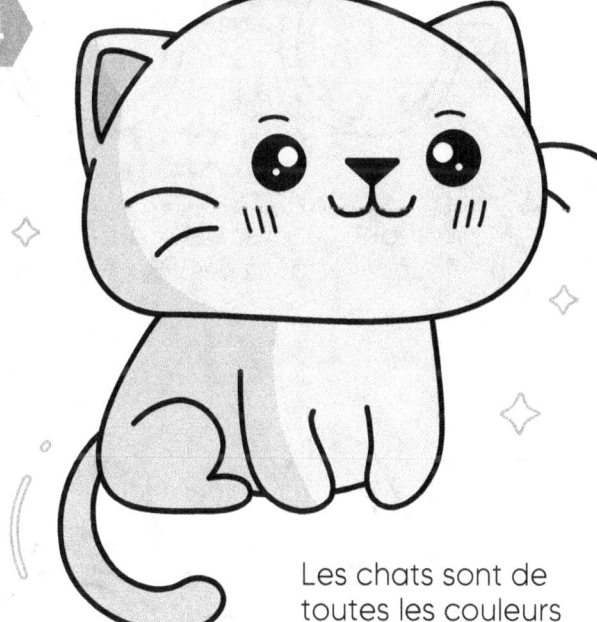

Les chats sont de toutes les couleurs

J'aime dormir
en boule

LUNETTES

1

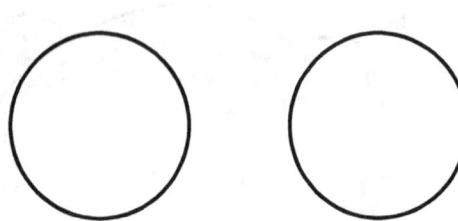

Dessinez deux cercles égaux

2

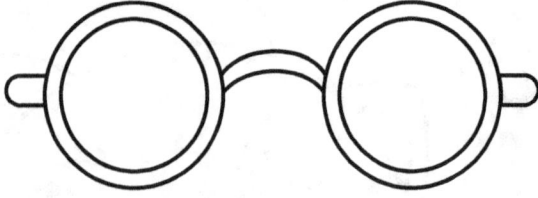

Maintenant, ajoutez deux autres cercles intérieurs et joignez-les

3

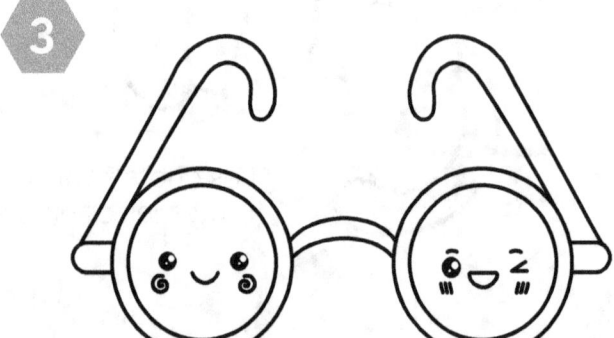

Toujours avec des rouflaquettes et un sourire sur chaque lentille

4

Je t'aide à voir le monde

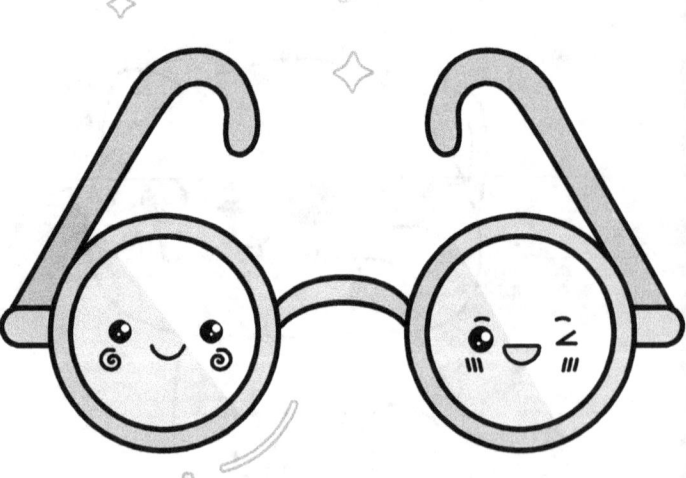

De quelle couleur sont les lunettes de ta mère?

GÂTEAU

1

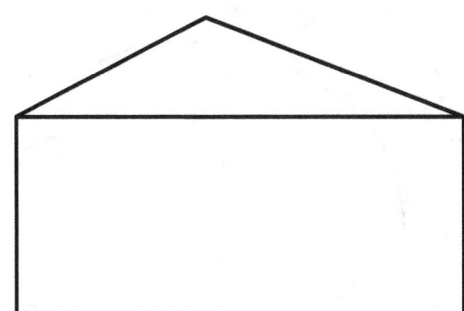

Crée un triangle sur un rectangle

2

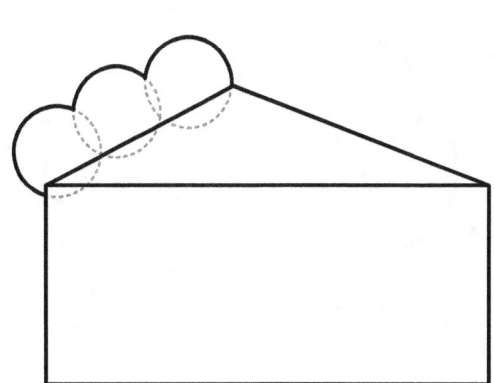

Dessinez trois cercles à l'extrémité du triangle

3

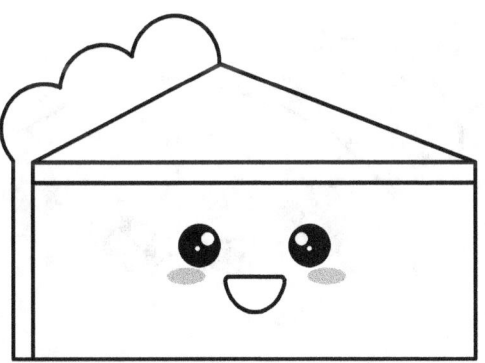

Faites-le sourire !

4

Je suis
toujours aux
anniversaires

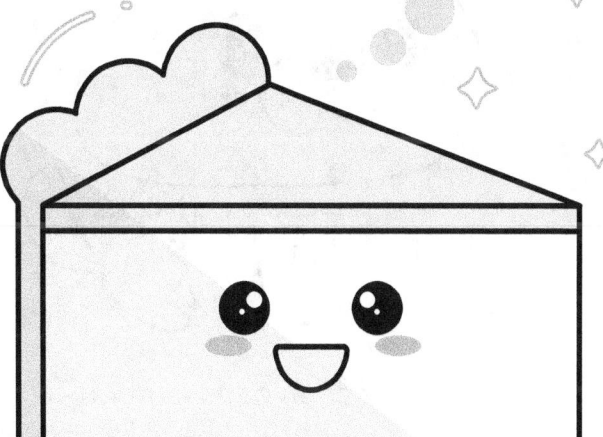

Que diriez-vous d'une violette framboise?

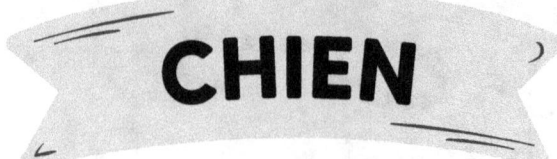

CHIEN

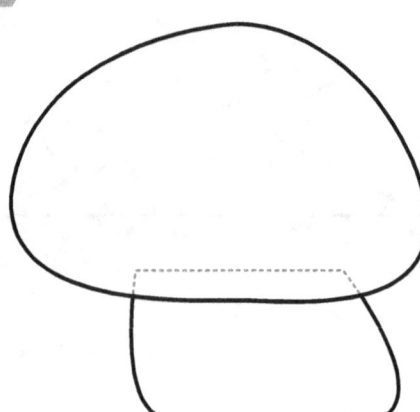

1

Commencer par un champignon

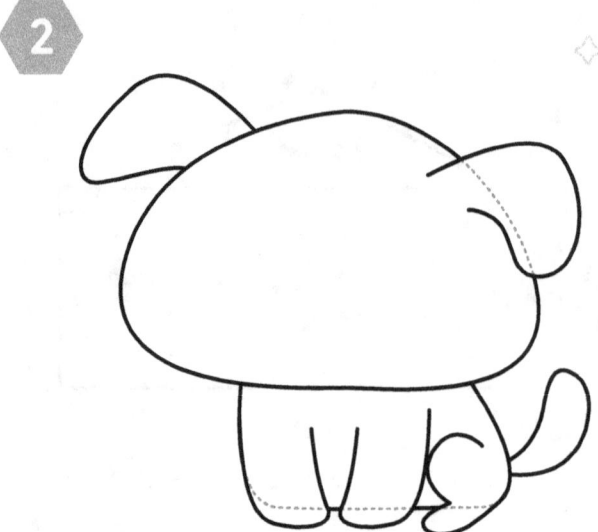

2

Pour en faire un chiot, ajoutez la queue, les oreilles et les pattes

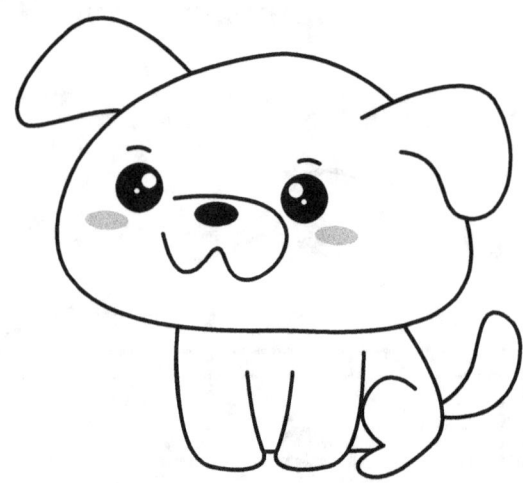

3

Dessiner un beau museau

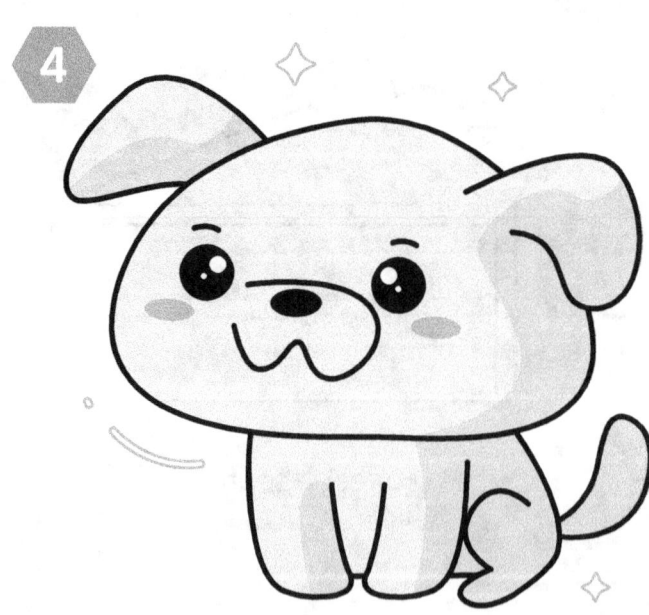

4

De quelle couleur est le chien de votre voisin?

J'ai un très bon odorat

CHAUSSURE

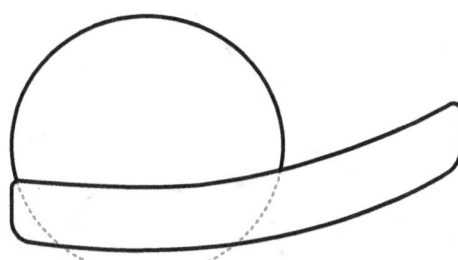

Commence par un cercle et un rectangle incurvé

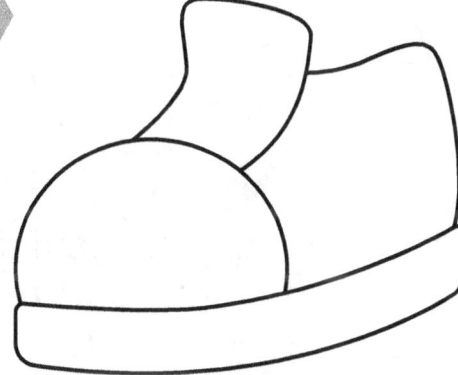

Compléter la silhouette de la chaussure

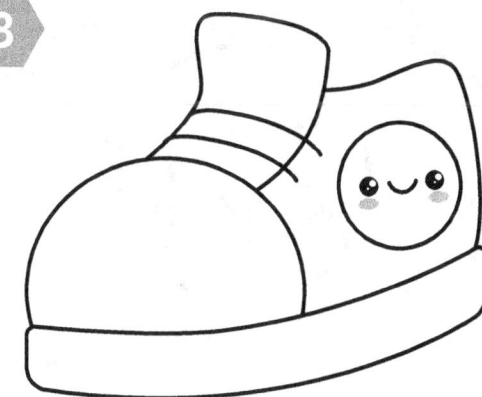

Il manque les lacets et un smiley sur le côté

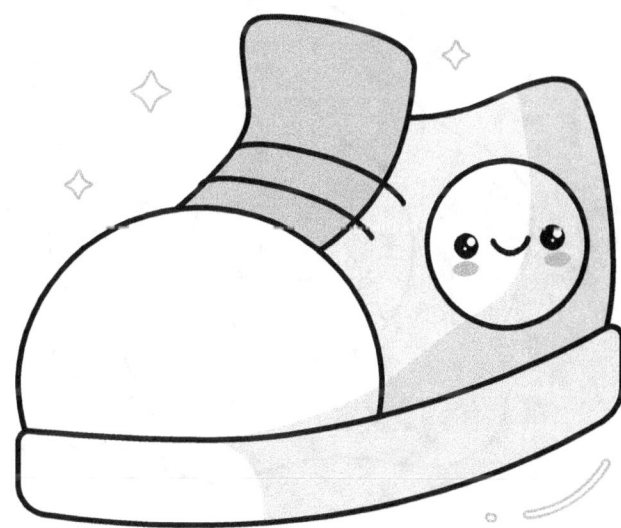

Allons nous promener !

Peignez-le dans votre couleur préférée!

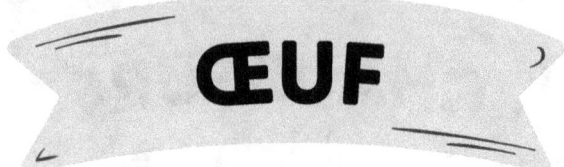

ŒUF

1

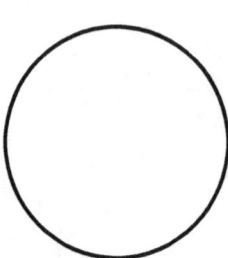

Tracer un cercle parfait pour le jaune d'œuf

2

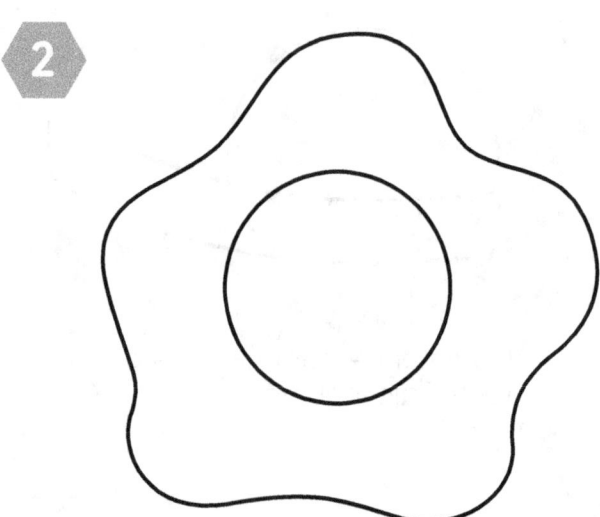

Et le blanc qui l'entoure en forme d'étoile

3

N'oubliez pas le visage kawaii!

4

Je suis l'œuf le plus riche de tous

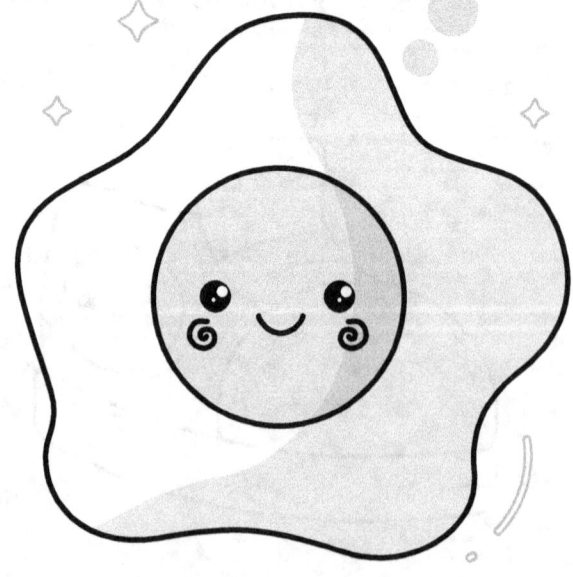

Avez-vous déjà choisi vos couleurs?

BONBONS

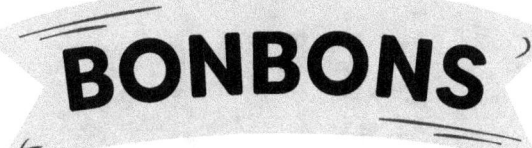

1

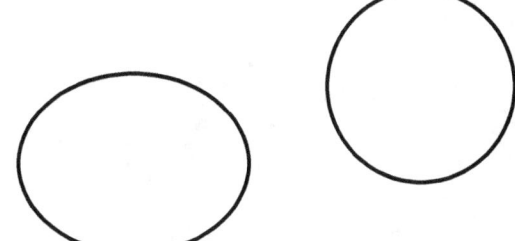

Dessiner un cercle et un ovale

2

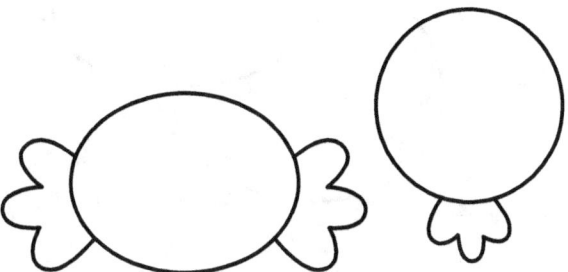

Ajouter les enveloppes en forme de nuage

3

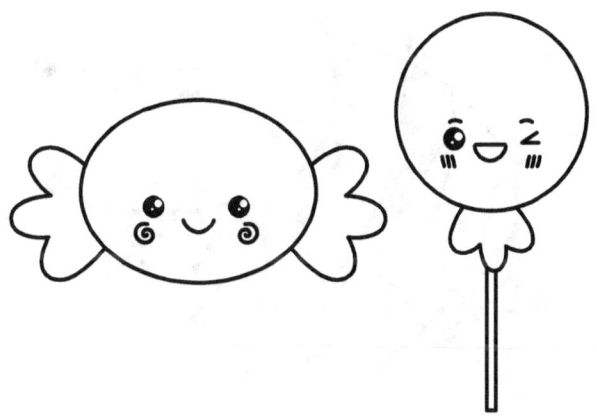

Les sucreries apportent de la joie!

4

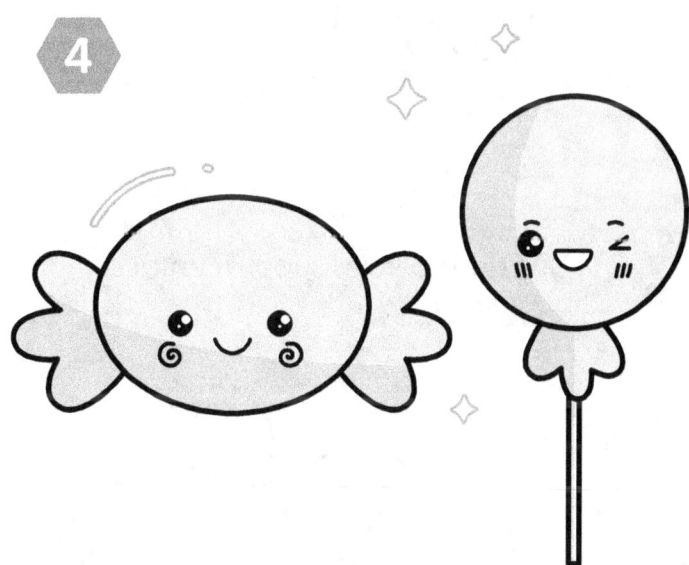

De quelle couleur peindrez-vous chaque bonbon?

Il y a
beaucoup de
saveurs

35

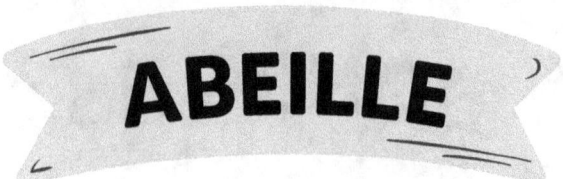

ABEILLE

1

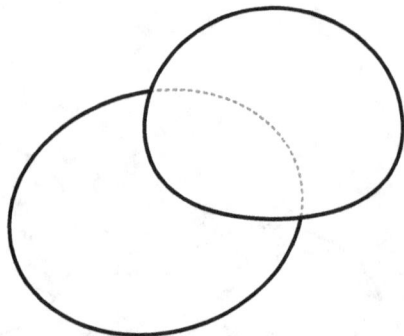

2 cercles croisés formant le corps

2

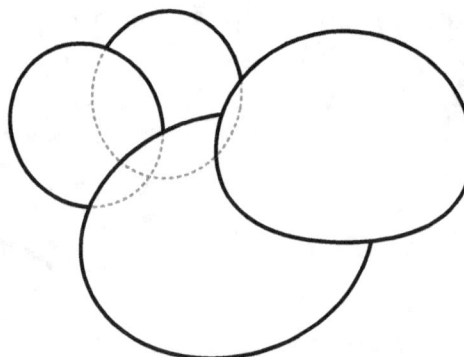

Quelques cercles supplémentaires
pour les ailes

3

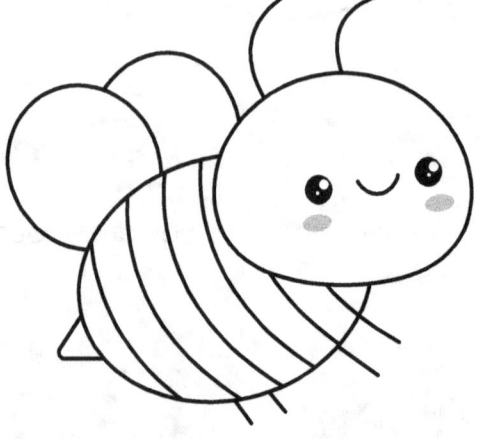

Lignes manquantes pour le corps
et les antennes

4

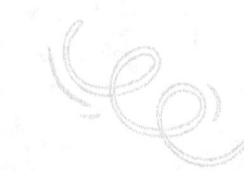

J'adore le
printemps!

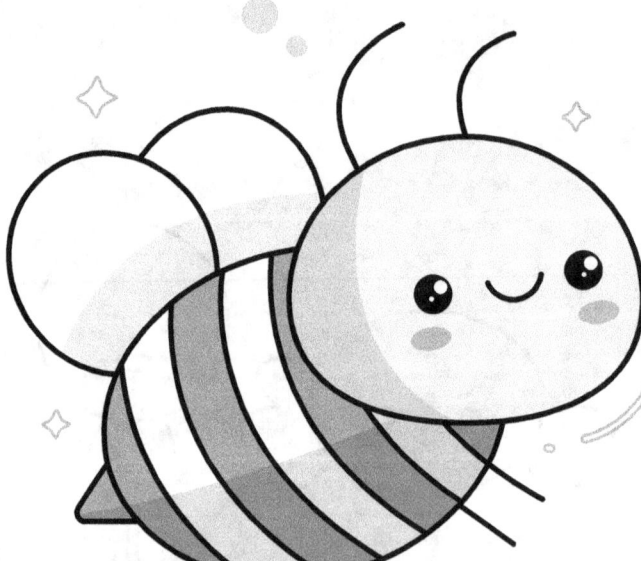

Il est temps de le peindre en jaune et noir

FUSÉE

1

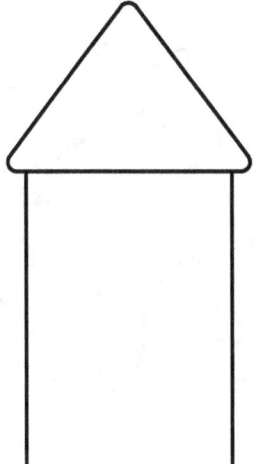

Il commence par un rectangle surmonté d'un triangle

2

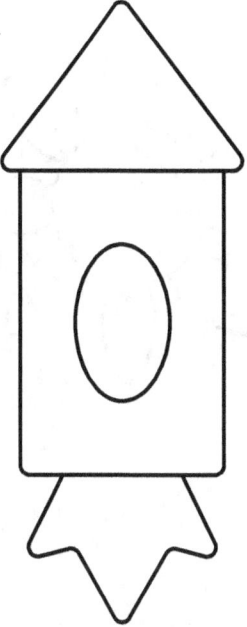

Ajouter un vitre ovale et un feu pointu

3

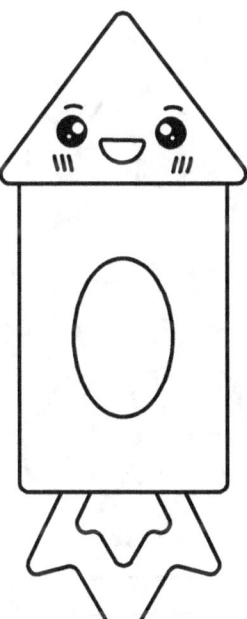

Derniers détails ... Et sourire!

4

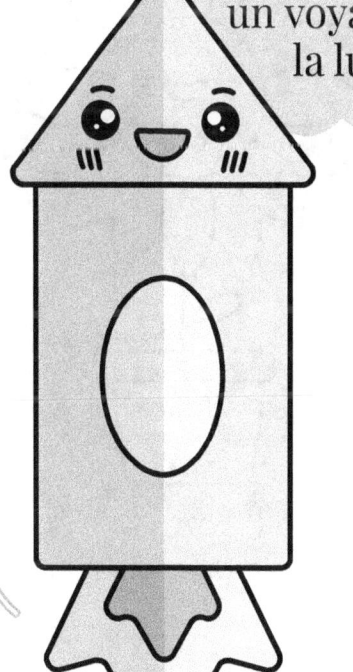

Je peux faire un voyage sur la lune

Quelle couleur souhaitez-vous peindre?

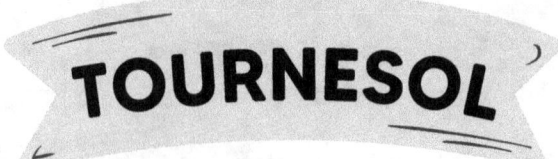

TOURNESOL

Dessinez un cercle entouré de pétales

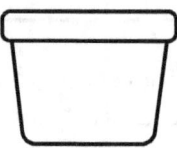

Finissez les pétales et ajoutez
un pot carré

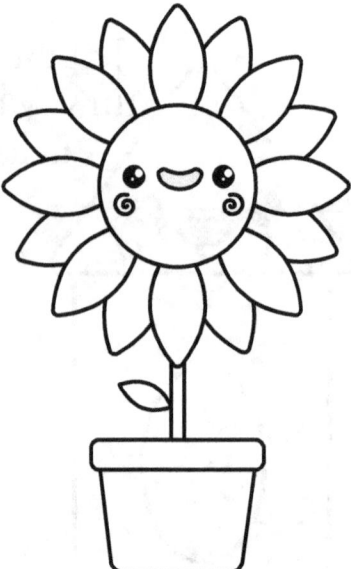

Plus de détails! Une tige et une feuille

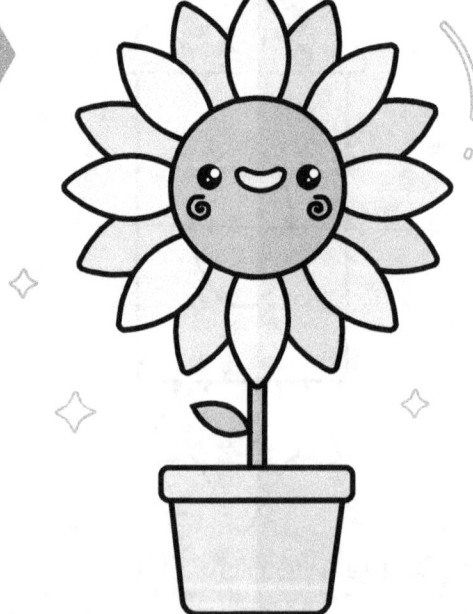

Le jaune, le marron et le vert
forment une combinaison parfaite

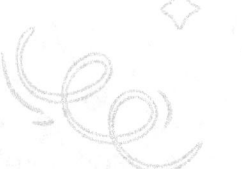

Je ne
m'ouvre que
lorsque le soleil se lève

PASTÈQUE

1

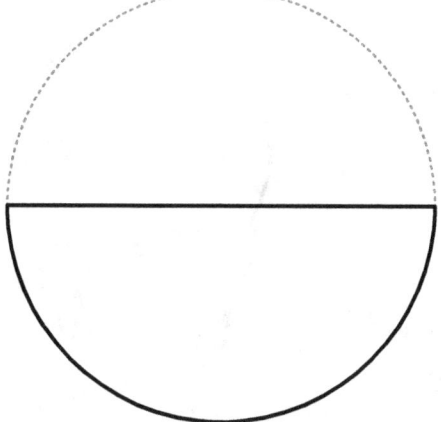

Tracer un demi-cercle

2

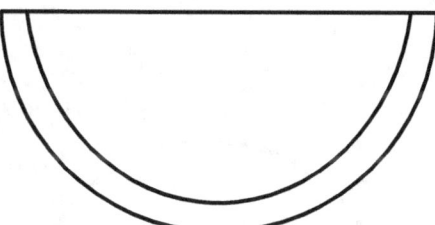

Créer un autre demi-cercle à l'intérieur

3

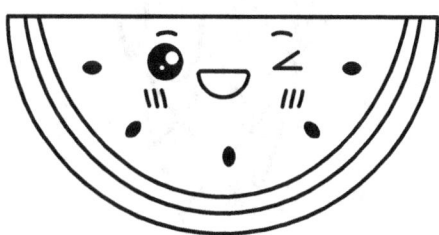

Il manque les pépites et le sourire!

4

Parfois je viens avec des pépites

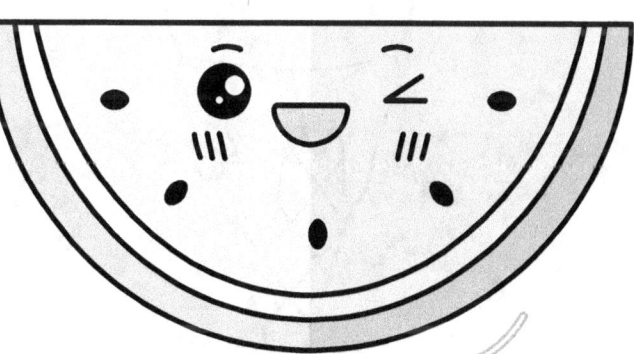

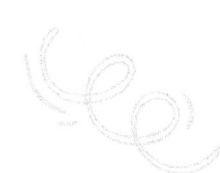

Les pastèques sont rouges, avec une peau verte

GLACE

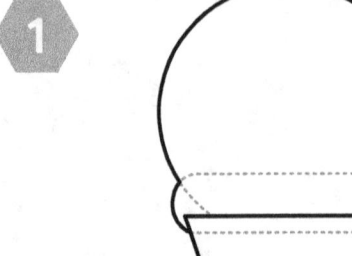

Créez un cercle et un triangle inversé pour le cône

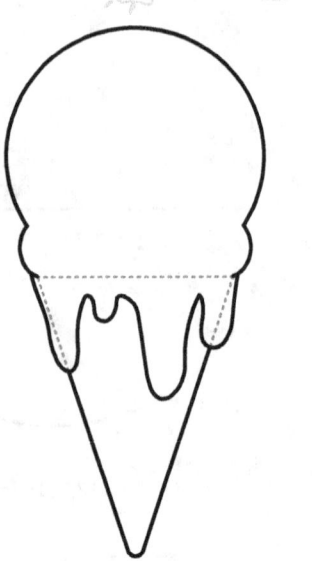

Ajouter la glace fondante

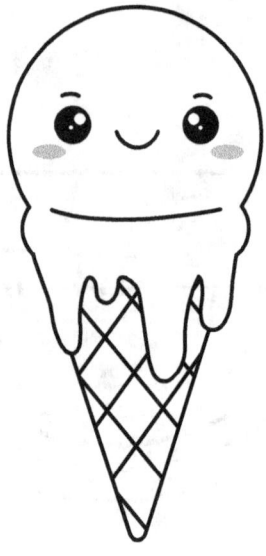

Tracer des lignes verticales pour le cône

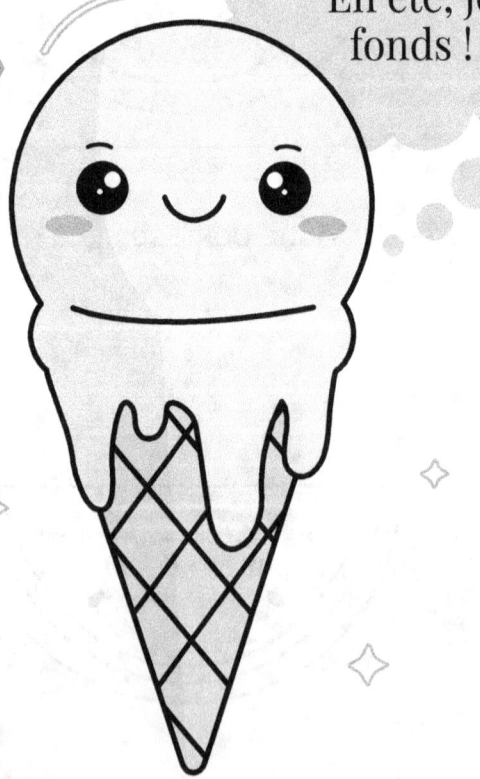

En été, je fonds !

Peignez-le dans votre saveur préférée!

PAPILLON

1

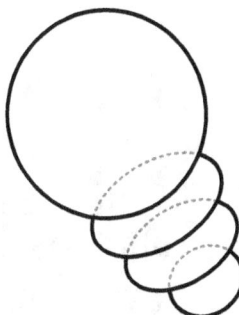

Dessinez de nombreux cercles
pour le corps

2

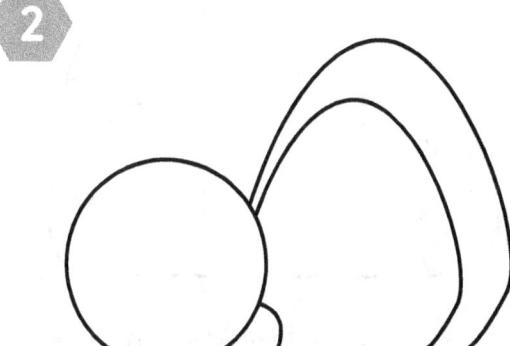

Maintenant de grandes ailes

3

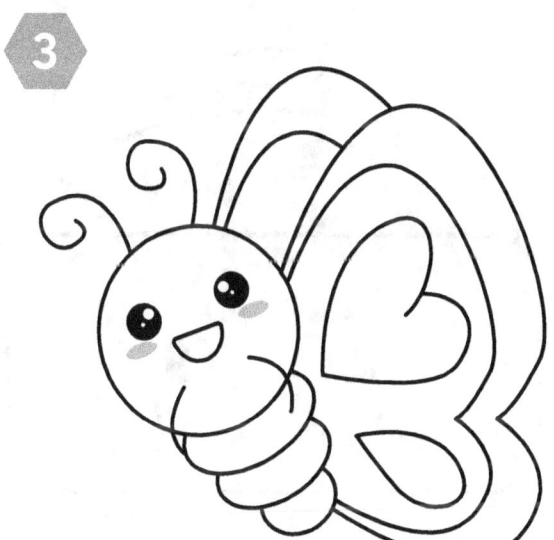

Les antennes spirales et les
pattes sont manquantes

4

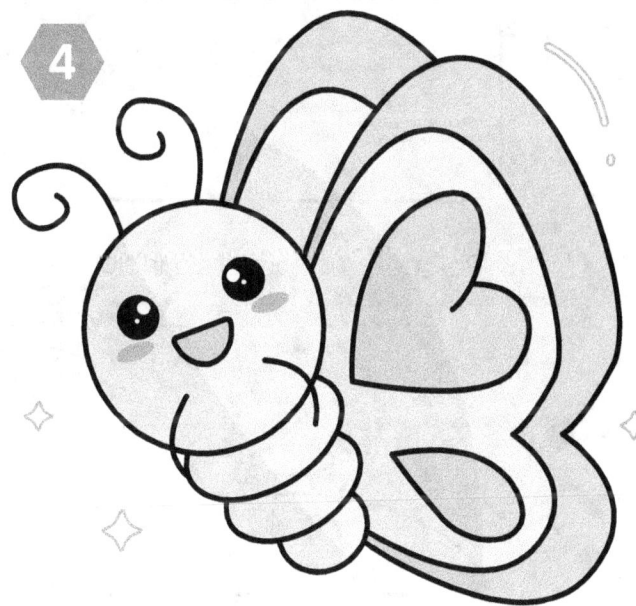

Rendez-moi coloré!

Je peux voler
haut dans le ciel

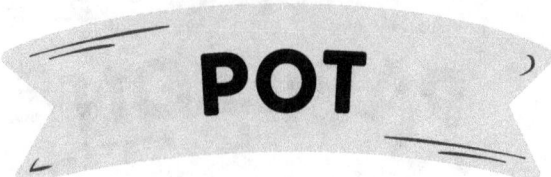

POT

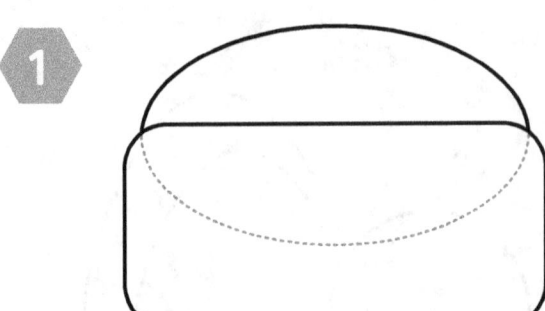

Dessinez un rectangle et un ovale pour la base

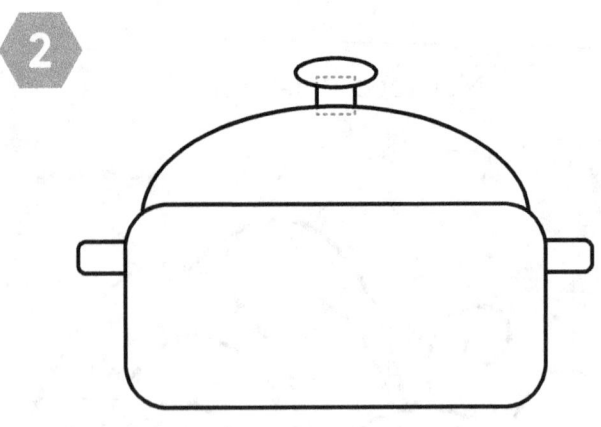

Poignées et couvercle inclus

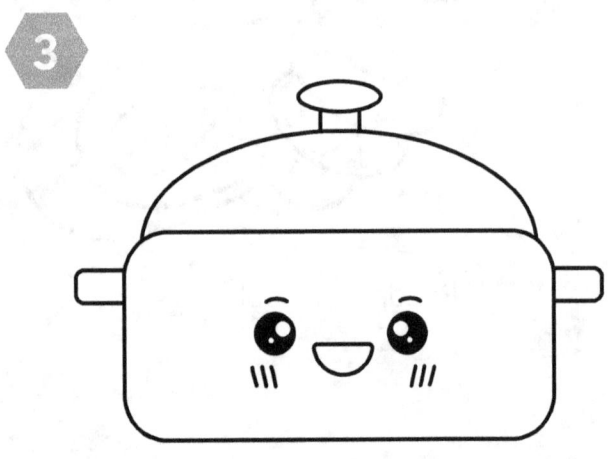

Il ne manque plus qu'un grand sourire!

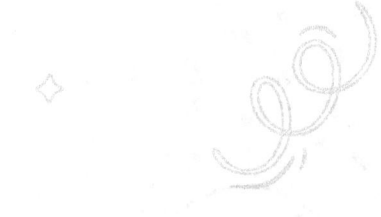

Je cuisine des choses très savoureuses

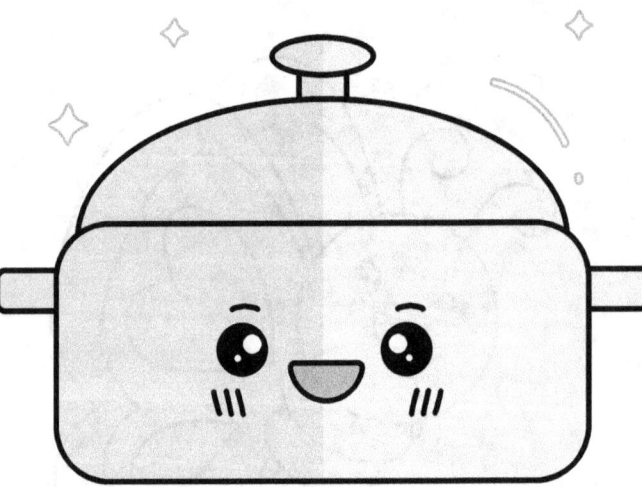

Peignons! Peut être gris ou bleu

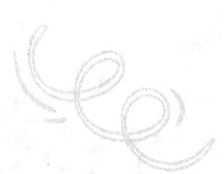

LUNE

1

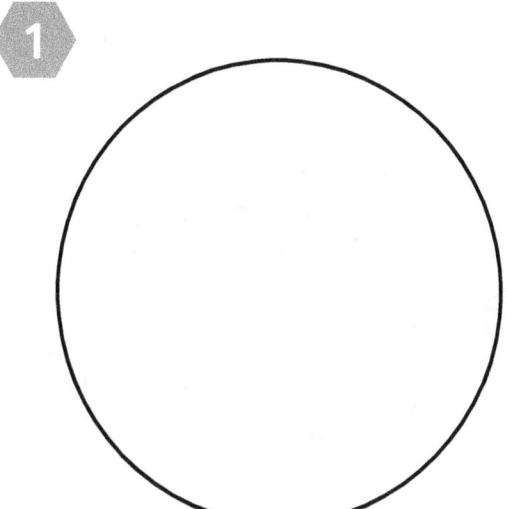

Tracer un grand cercle

2

Découpez le ventre de la lune
avec un autre cercle

3

Une fois que vous l'avez, il ne vous
reste plus qu'à la faire sourire!

4

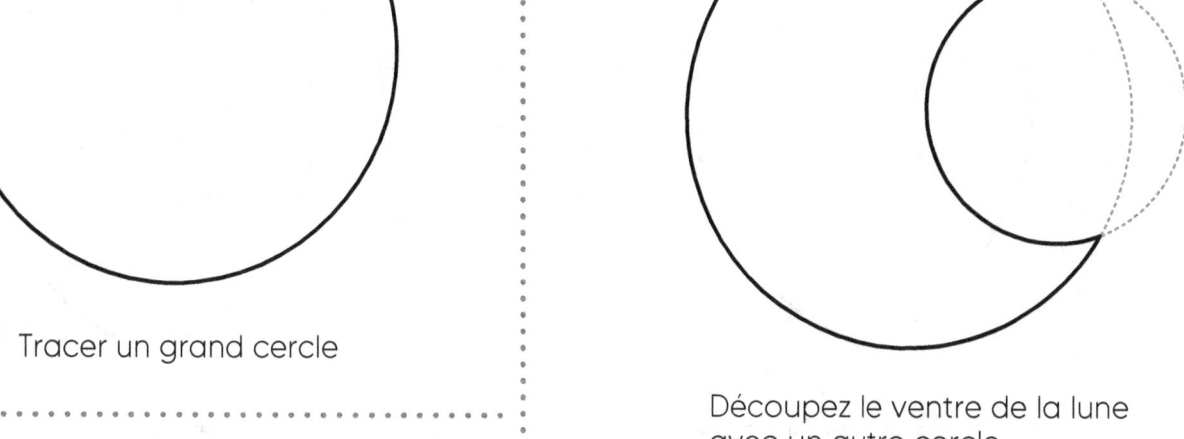

Chaque nuit, je
change de forme

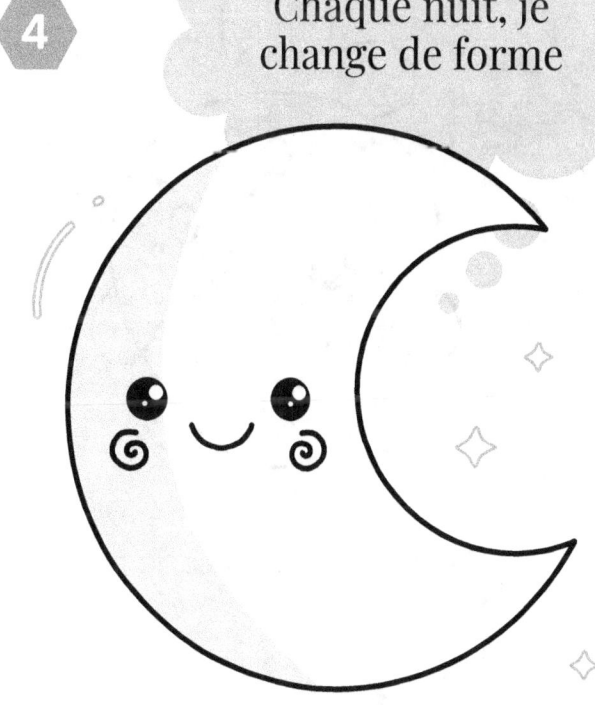

Observez la lune ce soir depuis
votre fenêtre

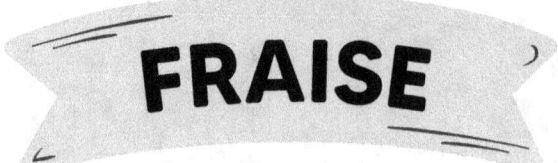

FRAISE

1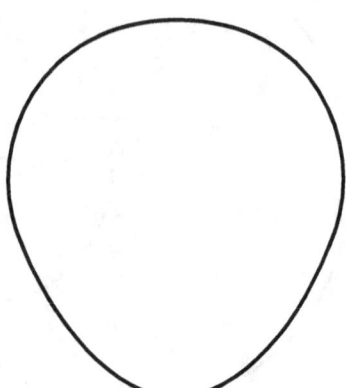

Dessine un ovale pointu

2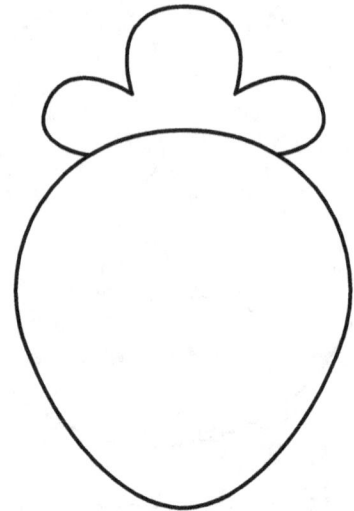

Ajoutez 3 feuilles sur le dessus

3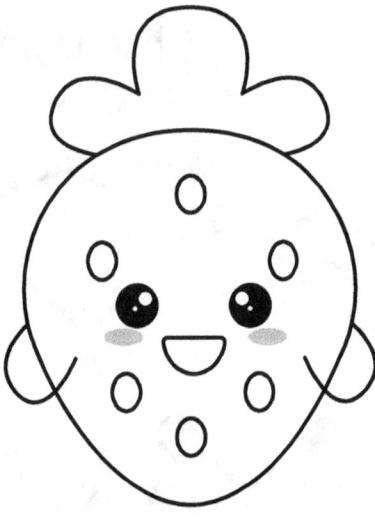

Il manque les graines de fraises!

4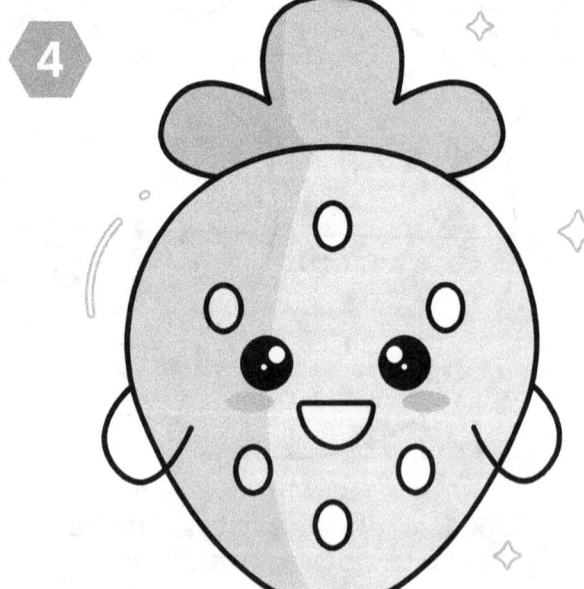

Peindre en rouge avec des feuilles vertes

Il y a des
fraises blanches

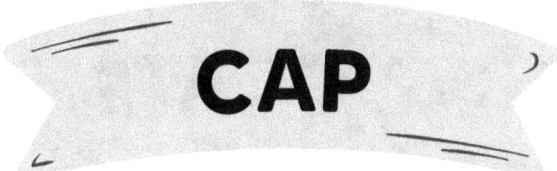

CAP

1

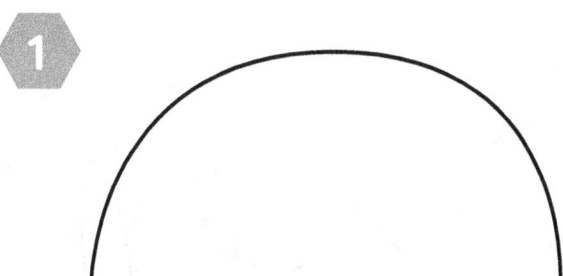

Commencer par un demi-cercle

2

Dessiner l'avant de la casquette

3

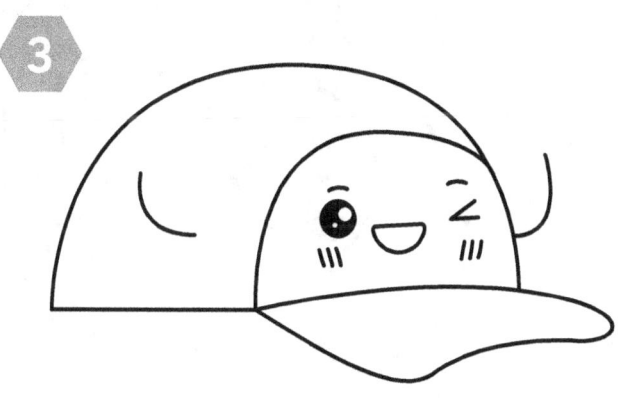

Il manque maintenant les détails!
Les bras et le visage heureux

4

Emmène-moi
en vacances
avec toi

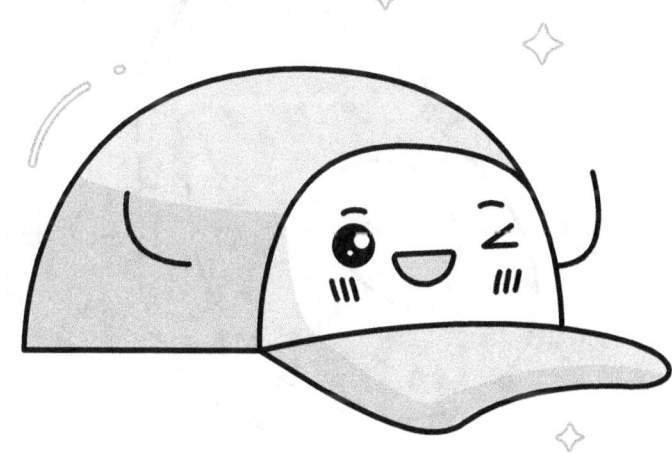

Peignez-le dans votre couleur préférée !

AVOCATE

1

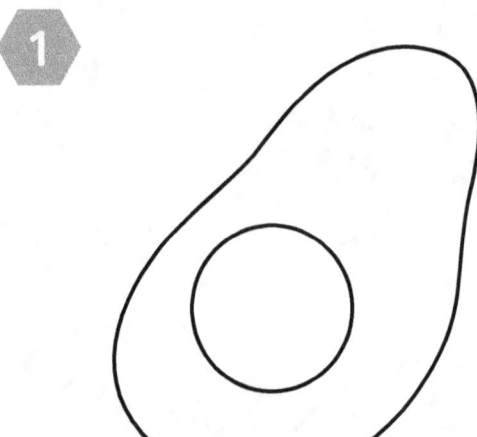

Dessinez un ovale irrégulier avec un cercle au milieu

2

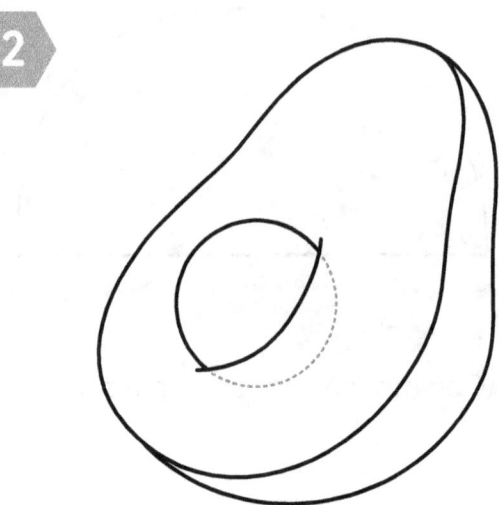

Ajouter l'enveloppe extérieure

3

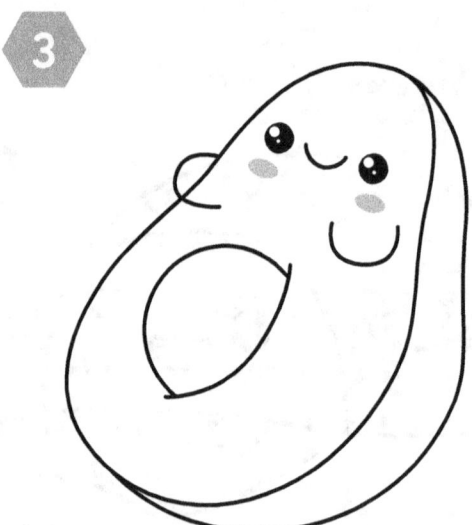

Yeux manquants et petits bras

4

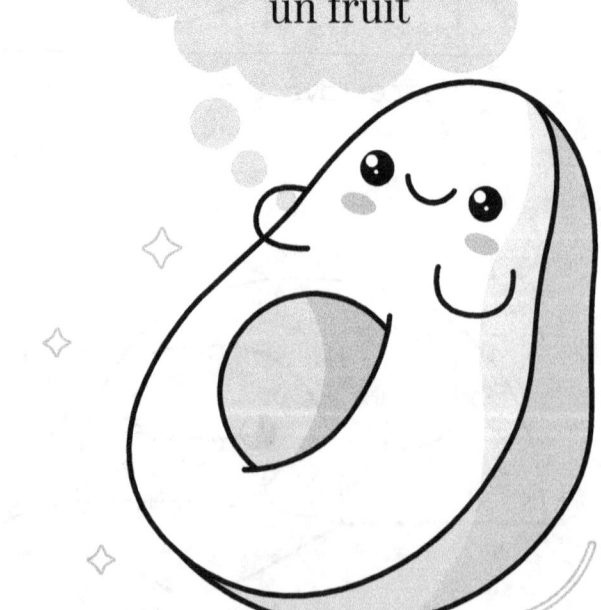

Je ne suis pas un légume, je suis un fruit

À peindre! Choisissez différentes nuances de vert

TAMBOUR

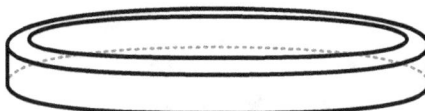

Utilisez des ellipses pour dessiner les bases des tambours

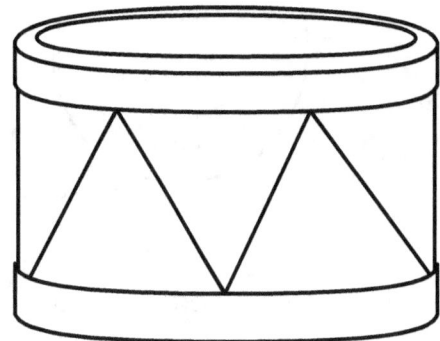

Créer un mur pour relier les 2 parties

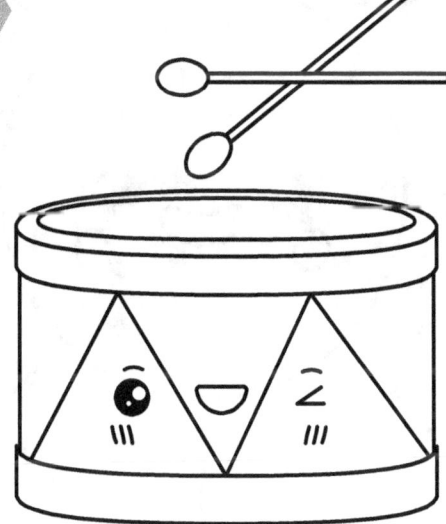

Jolies baguettes et joie!

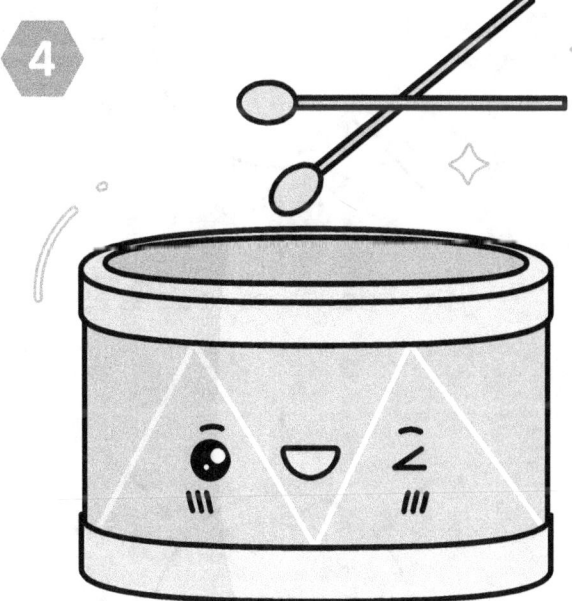

Peignons ! peut-être en rouge?

Faisons de la musique ensemble!

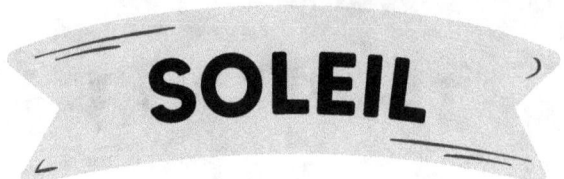

SOLEIL

1

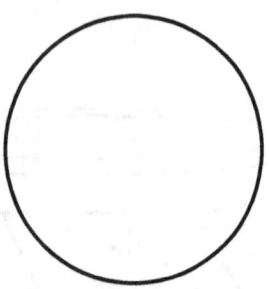

Créer un cercle parfait

2

Et ajouter des lignes pour les éclairs

3

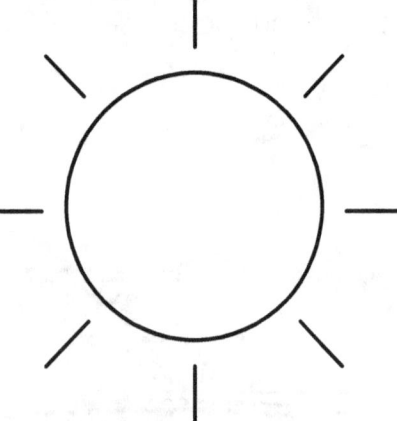

Dessinez un grand sourire !

4

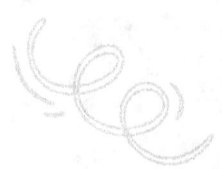

Je suis toujours au paradis

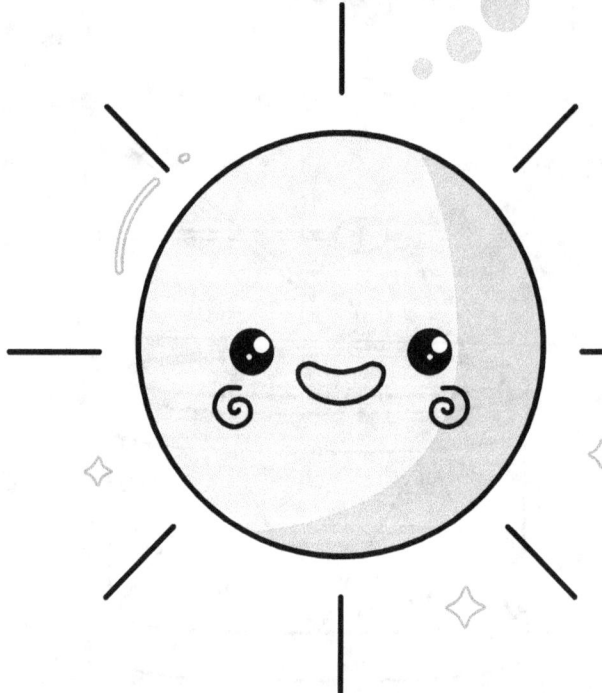

Peignons ! Le soleil est jaune

BALLON

1

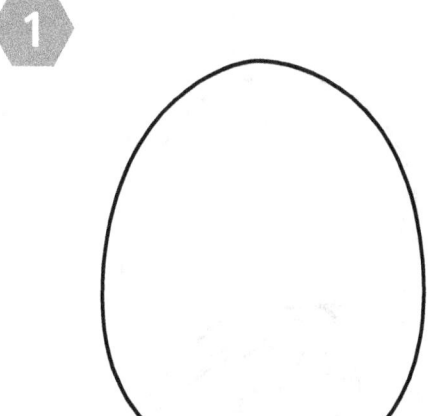

Commencer par un ovale

2

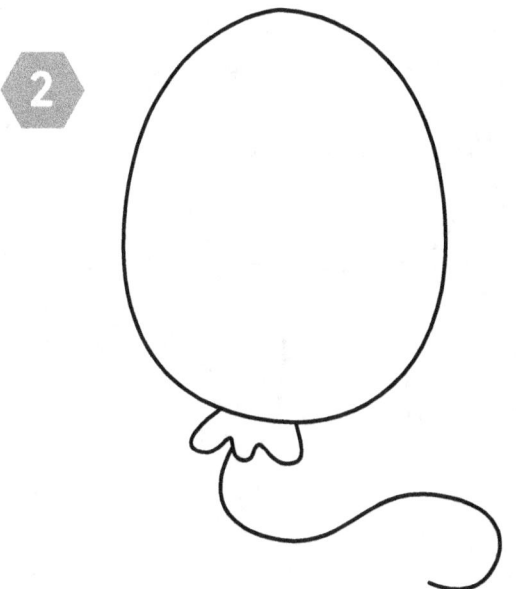

Dessiner le nœud et la corde

3

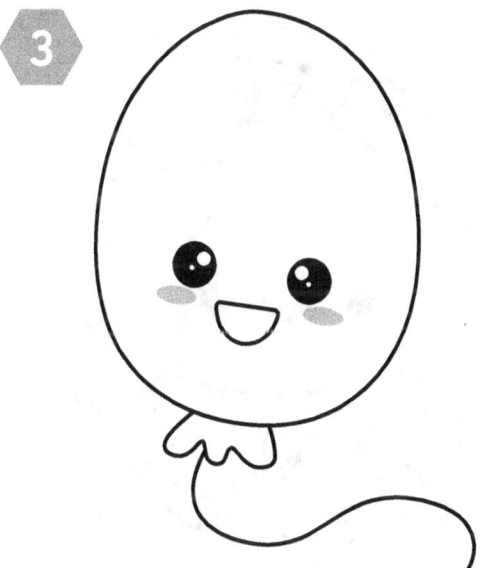

Faites-en un ballon heureux

4

Je peux voler
et flotter

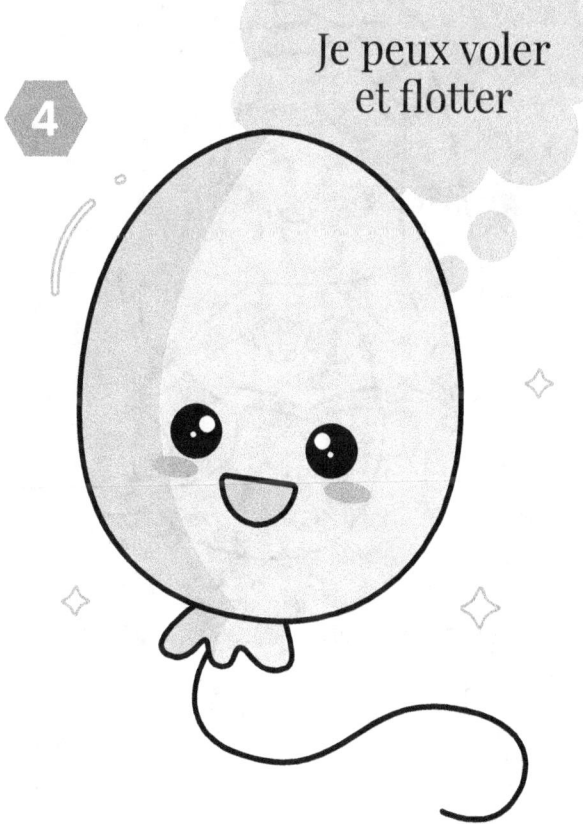

Peignez-le dans votre couleur préférée !

SIRÈNE

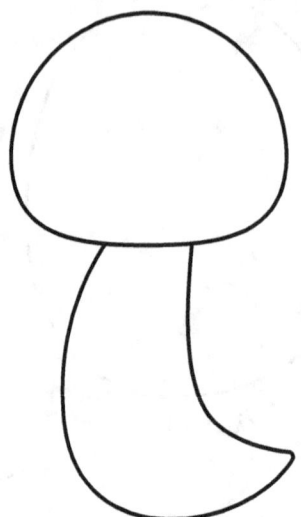

Une tête aplatie et un corps allongé

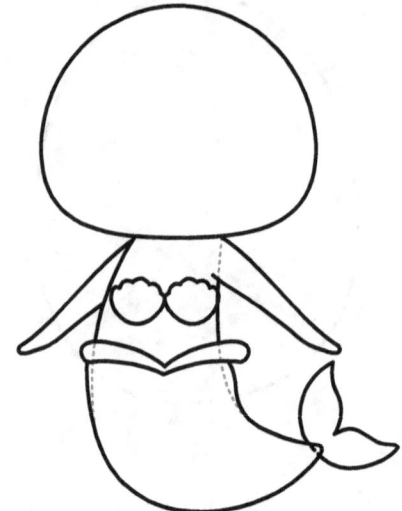

Dessiner les bras et la queue

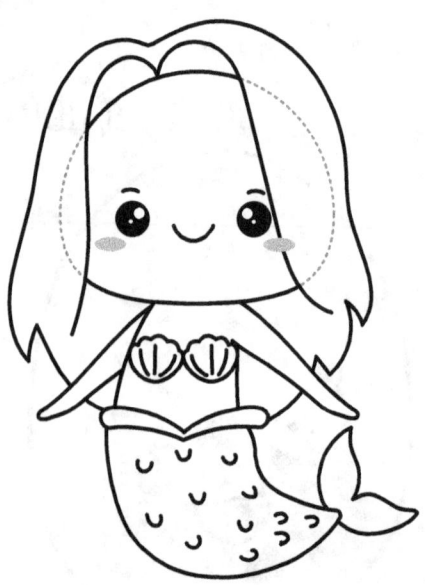

Derniers détails ! Les écailles, les cheveux ...

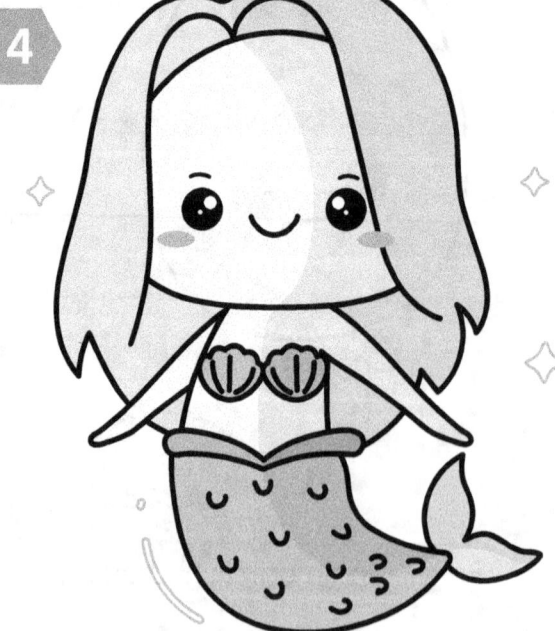

Rendez-moi colorée!

La mer est ma maison

DRAGON

1

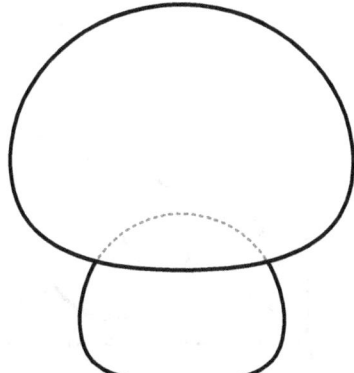

Dessinez 2 cercles écrasés

2

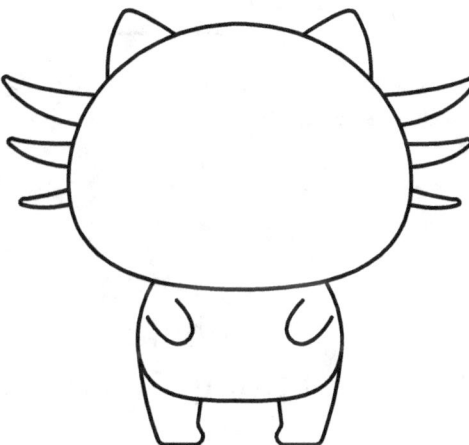

Ajouter des mains et des jambes

3

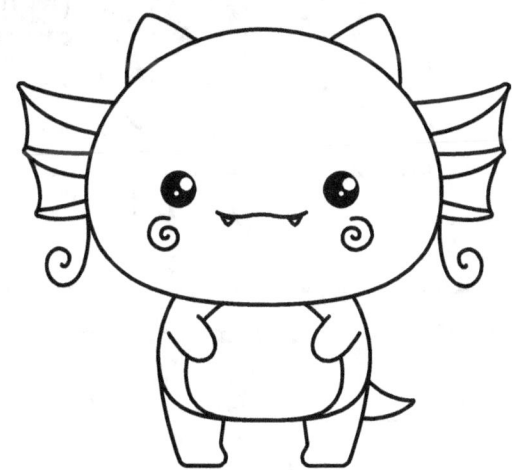

Un adorable petit visage lui va bien

4

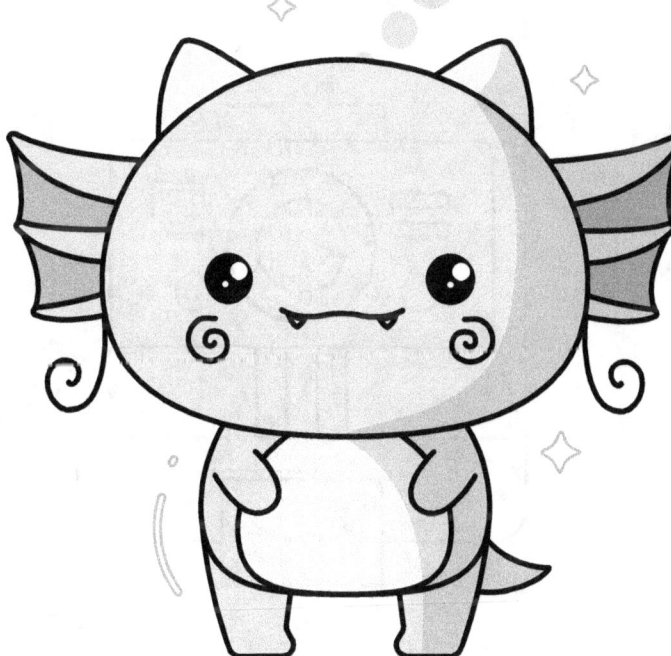

Je peux cracher du feu !

Peignons ! Ils sont rouges, verts ou orange

CAMÉRA

1

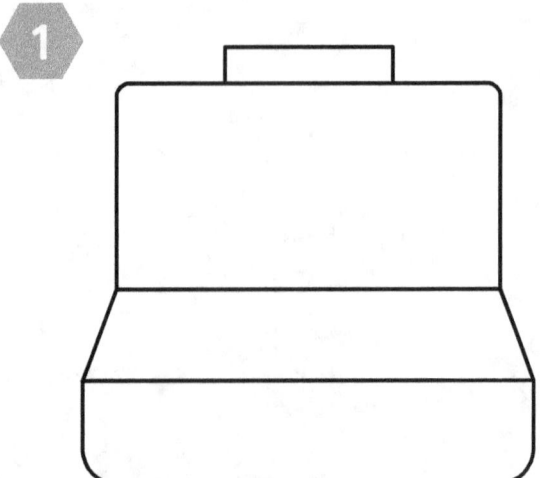

Crée des rectangles comme base de la caméra

2

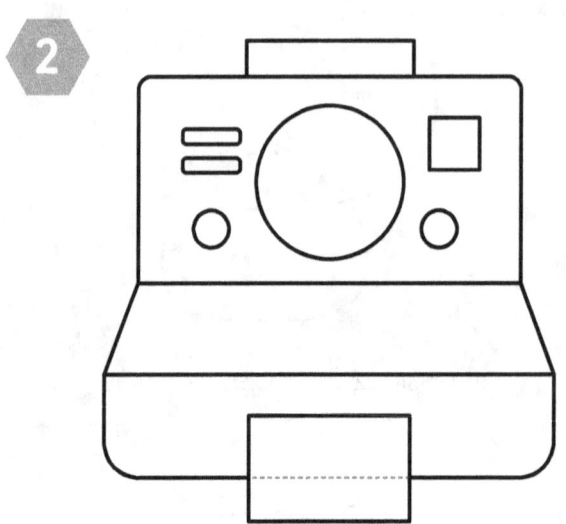

Ajouter des cercles pour les boutons et les lentilles

3

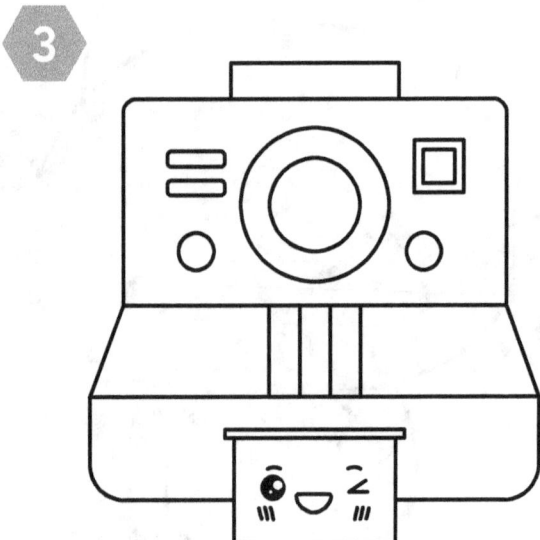

Il manque maintenant les détails! Et un visage heureux

4

Je prends des photos de vos moments préférés

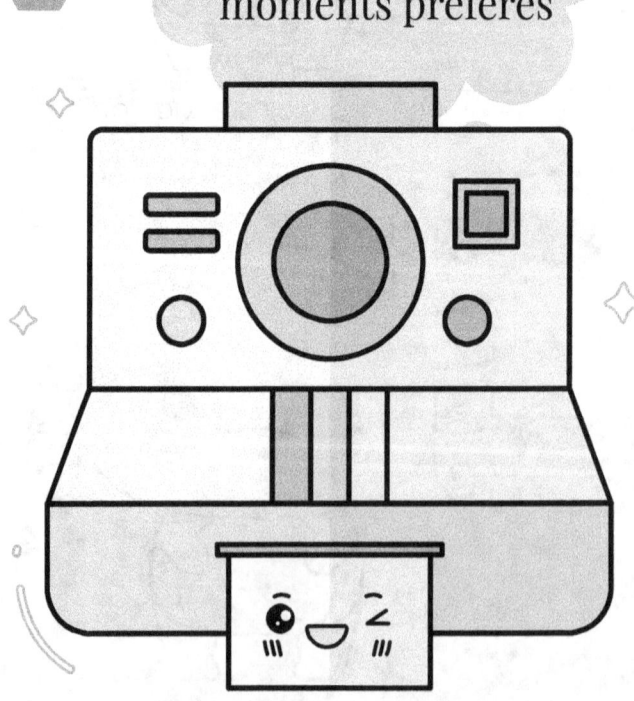

Peignez-le de n'importe quelle couleur!

HIBOU

1

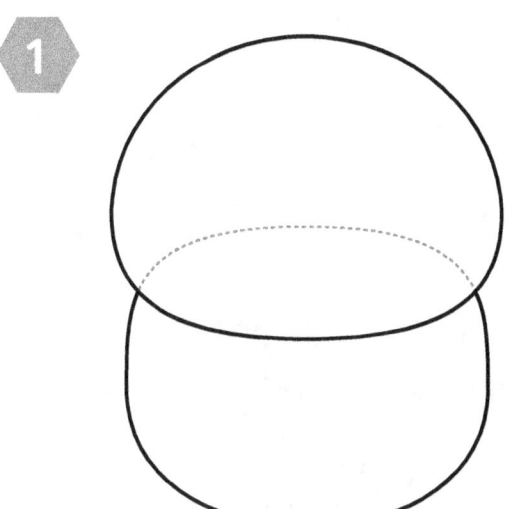

Dessinez deux cercles aplatis pour créer le corps

2

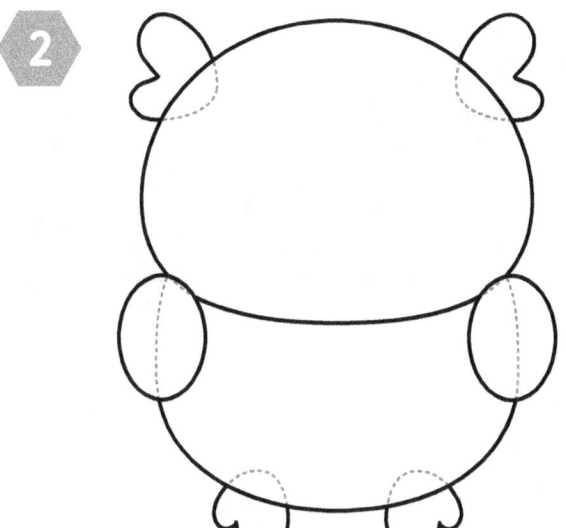

Ajouter les ailes et les pattes

3

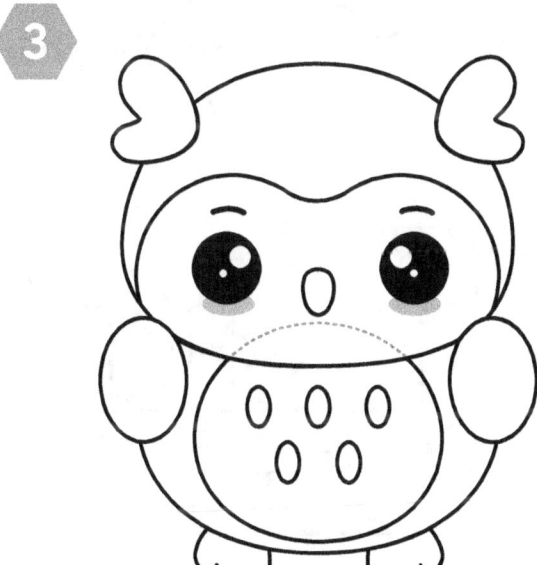

Il est temps de dessiner beaucoup de plumes!

4

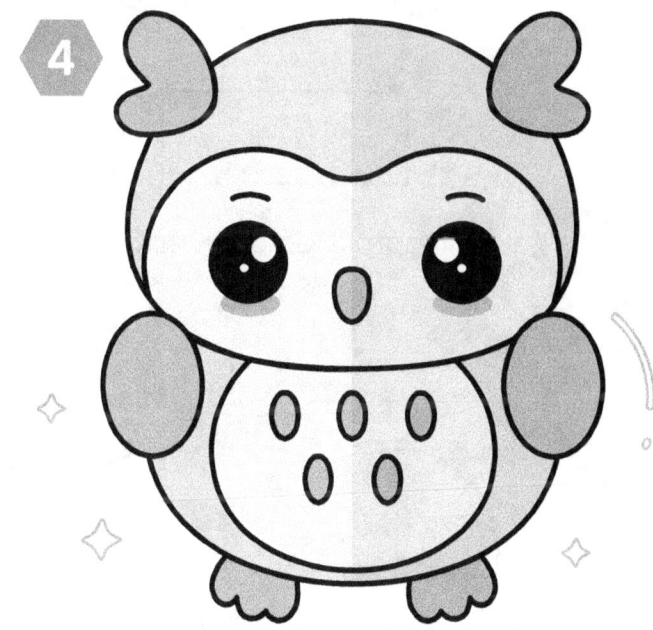

Peignons! Le bleu est une belle couleur

J'ai une vision nocturne

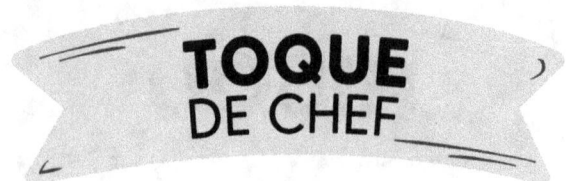

TOQUE
DE CHEF

1

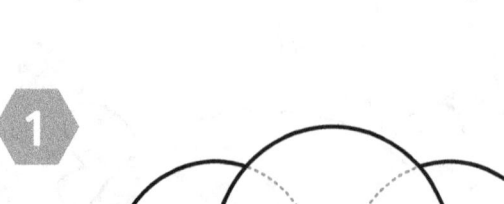

Commencer par 3 cercles

2

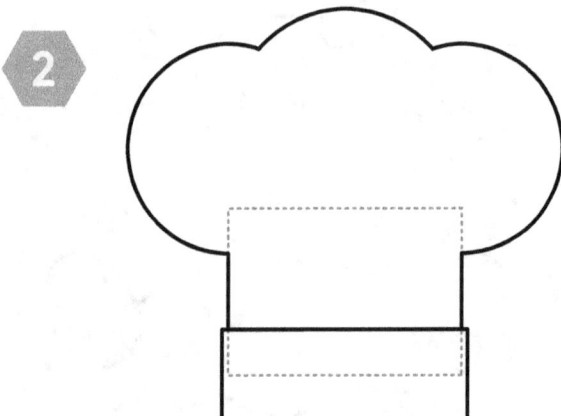

Maintenant 2 rectangles pour
former le chapeau

3

Faites-le sourire!

4

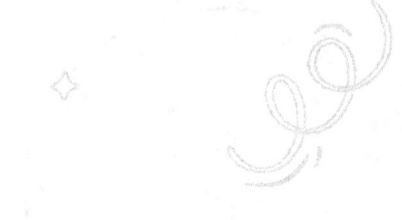

J'aime
être dans la
cuisine

Peignez-le ou laissez-le blanc!

VOLCAN

1

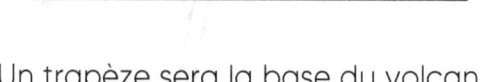

Un trapèze sera la base du volcan

2

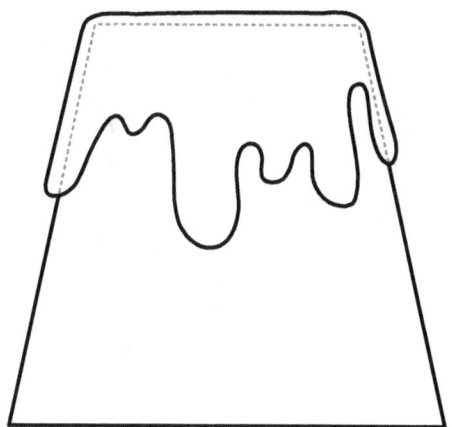

Ajoute de la lave en fusion

3

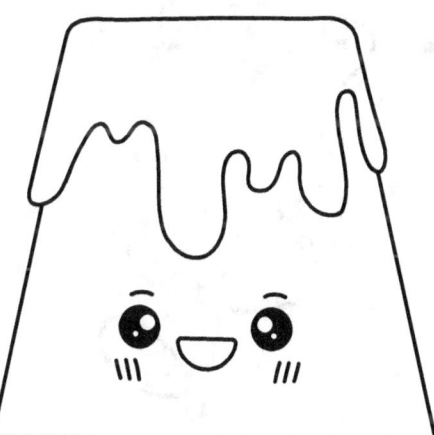

Et un visage heureux!

4

Je peux dormir pendant des centaines d'années

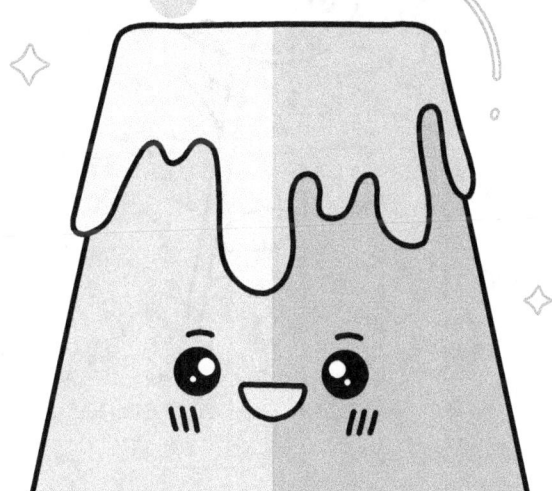

Vous pouvez le peindre en brun, rouge ou orange

ROSE

 1

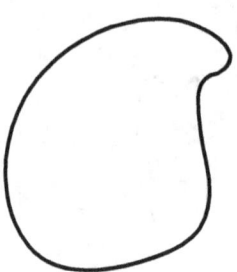

Dessiner un pétale irrégulier

 2

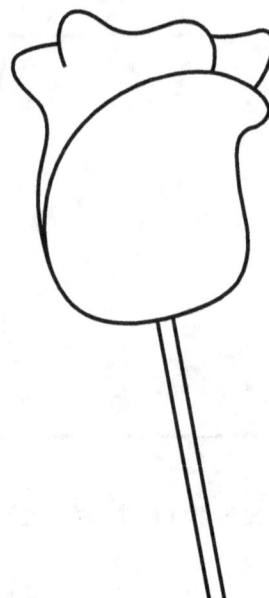

Ajouter la tige et d'autres pétales

 3

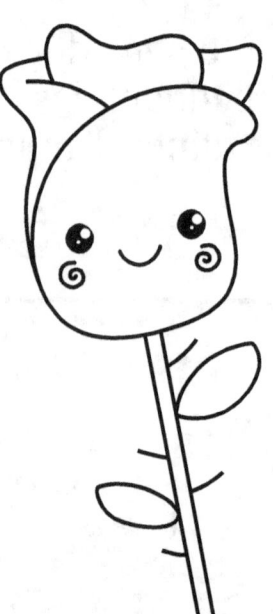

Un sourire et des épines!

 4

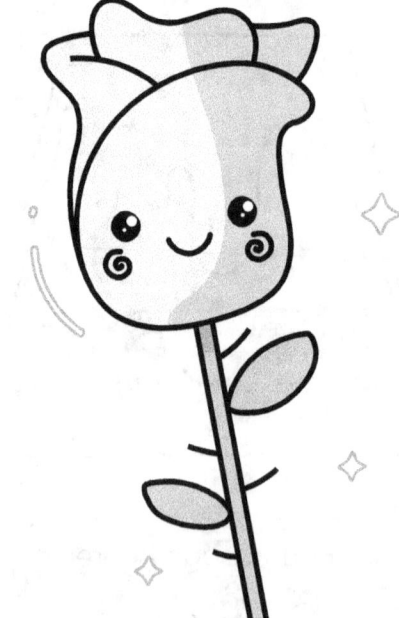

Rouge ou blanc?

Je suis
la fleur la plus
magnifique

ARAIGNÉE

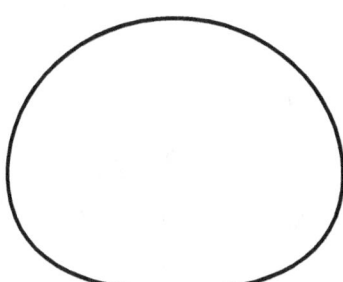

Crée un cercle aplati

2

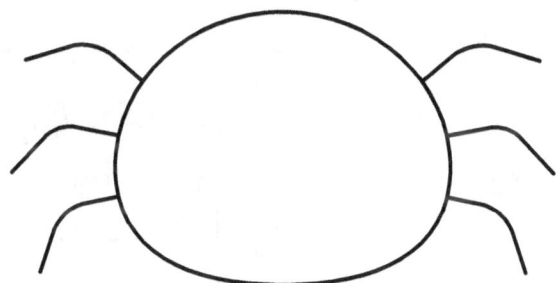

Ajouter 3 jambes de chaque côté

3

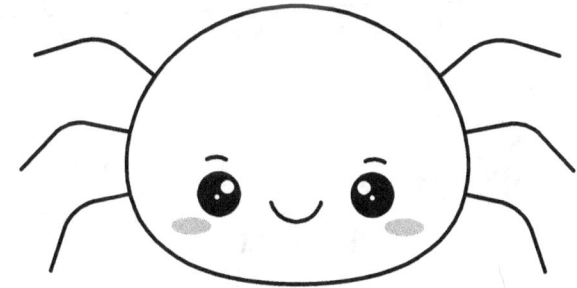

Rendez-la heureuse et souriante!

4

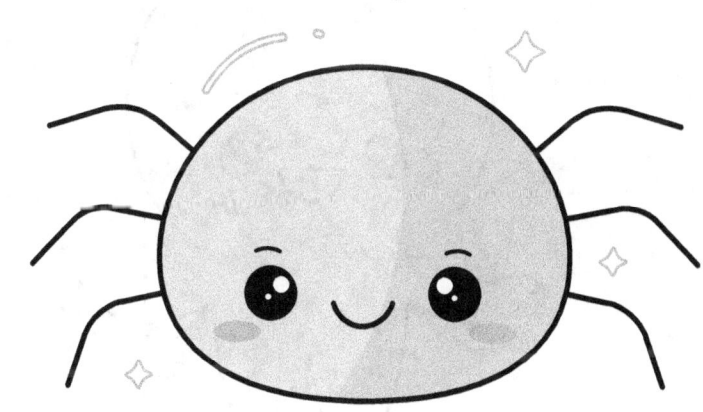

Mes toiles d'araignée sont très résistantes

Les araignées sont sombres

PIEUVRE

1

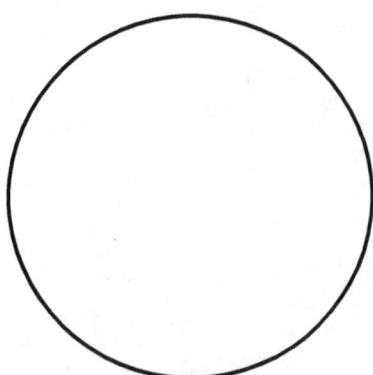

Dessiner un cercle parfait

2

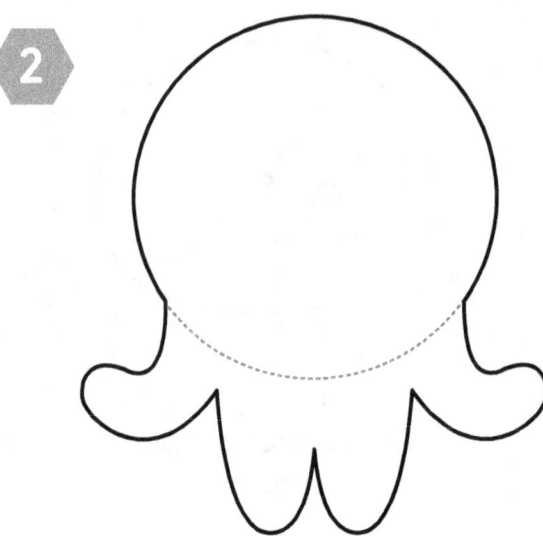

Ajouter 4 tentacules

3

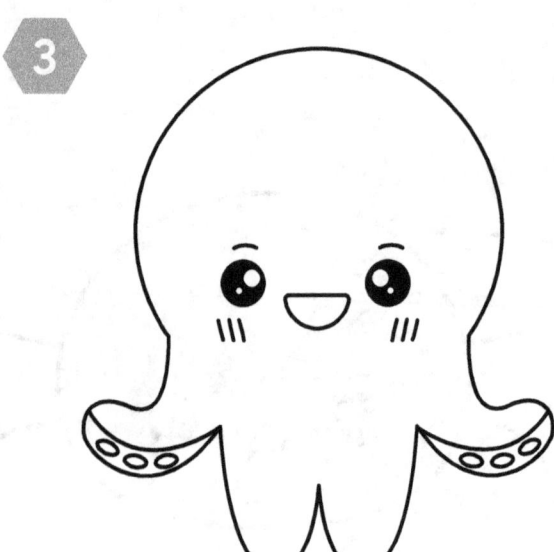

Et maintenant 3 ventouses sur chaque tentacule

4

Je vis dans les profondeurs de l'océan

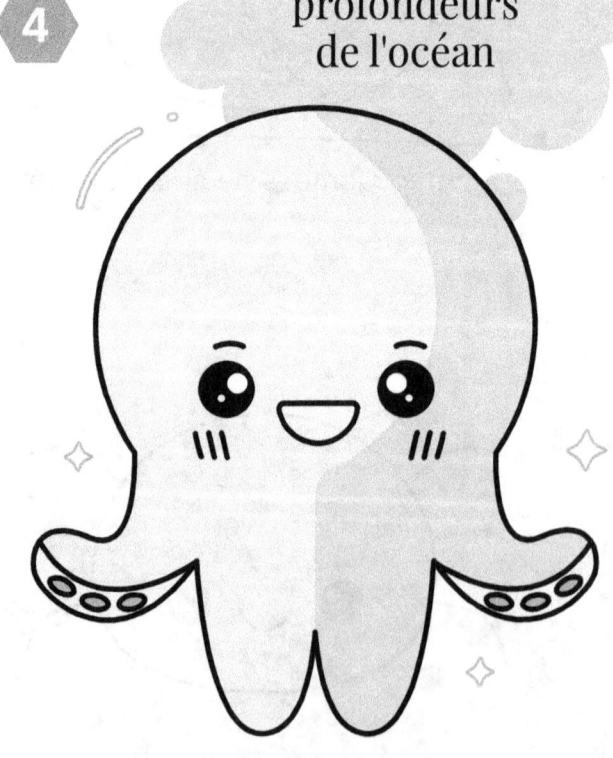

La pieuvre est violette ou rose

FANTÔME

1

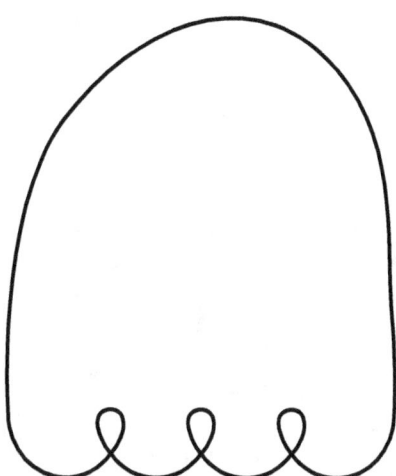

Dessinez une silhouette bouclée et joignez-la à une courbe

2

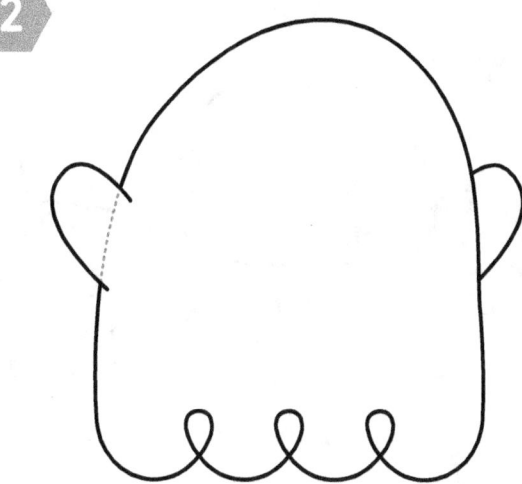

Créer des mains

3

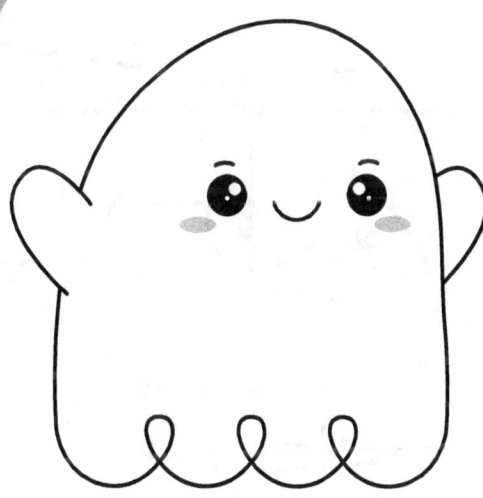

Egayer le visage du fantôme

4

Peignons! Ou laissons-le blanc

Je suis un ami
des araignées

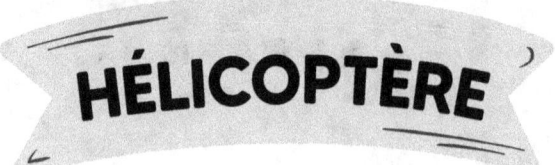

HÉLICOPTÈRE

1

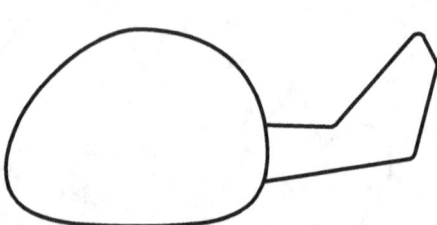

Dessinez la silhouette de l'hélicoptère

2

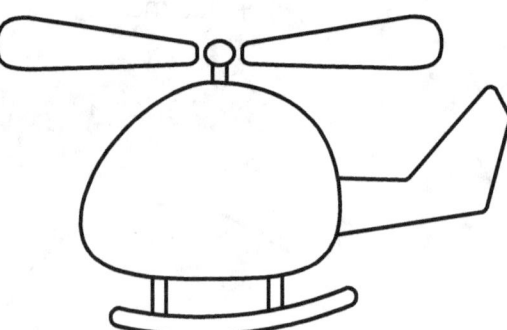

Ajouter les lames et la base

3

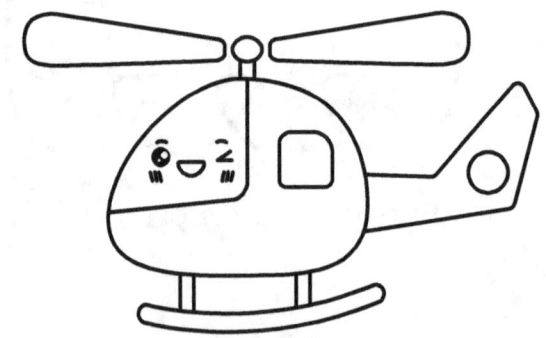

Les fenêtres manquent.
Et un visage kawaii

4

Je peux voler
haut, très haut !

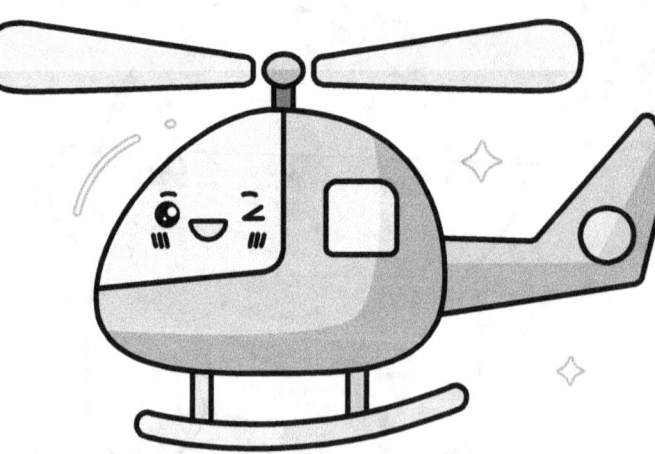

Certains hélicoptères sont bleus

CACTUS

1

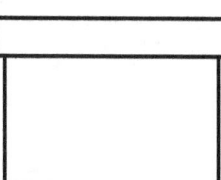

Dessinez 2 rectangles pour la jardinière

2

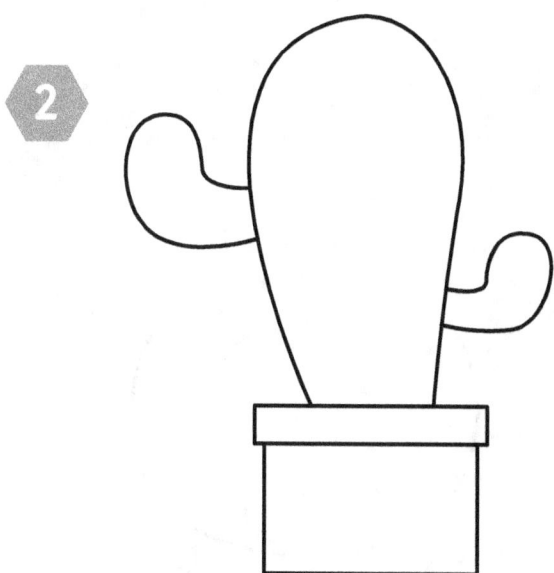

Maintenant la silhouette du cactus

3

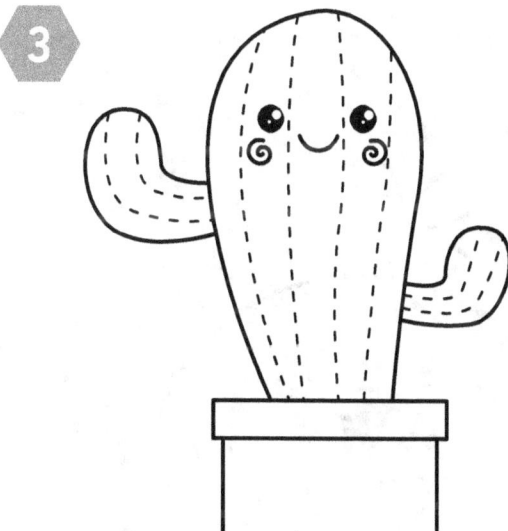

Toutes les épines et le sourire lui manquent

4

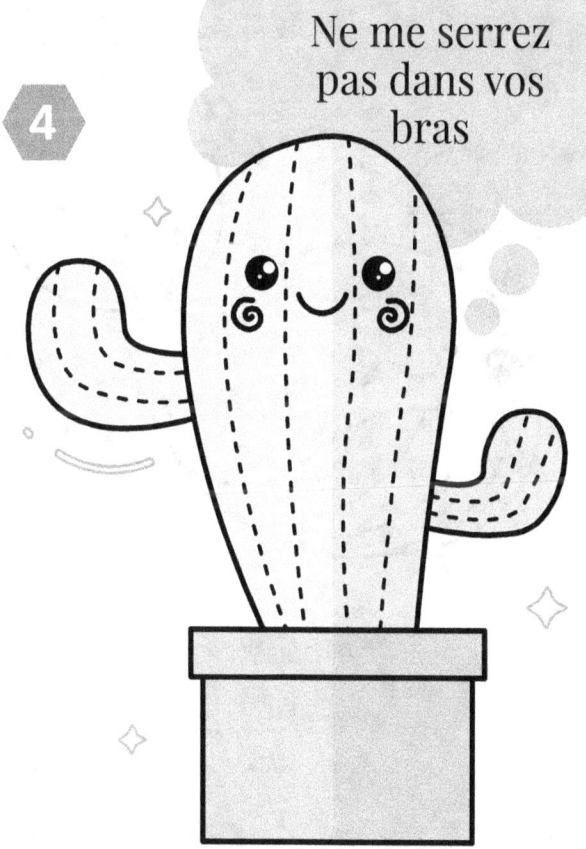

Ne me serrez pas dans vos bras

Peignons! Les cactus sont verts

BALEINE

1

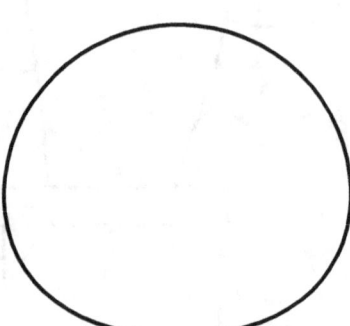

Créez un cercle aplati

2

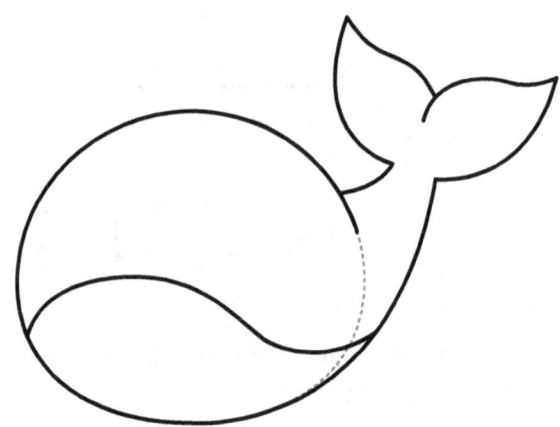

Dessiner une longue queue

3

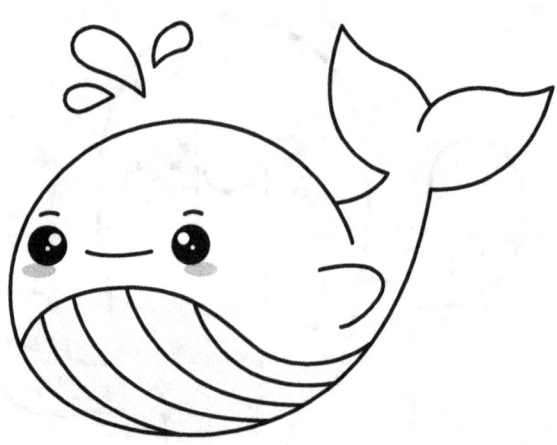

Les baleines expulsent de l'eau
par le haut

4

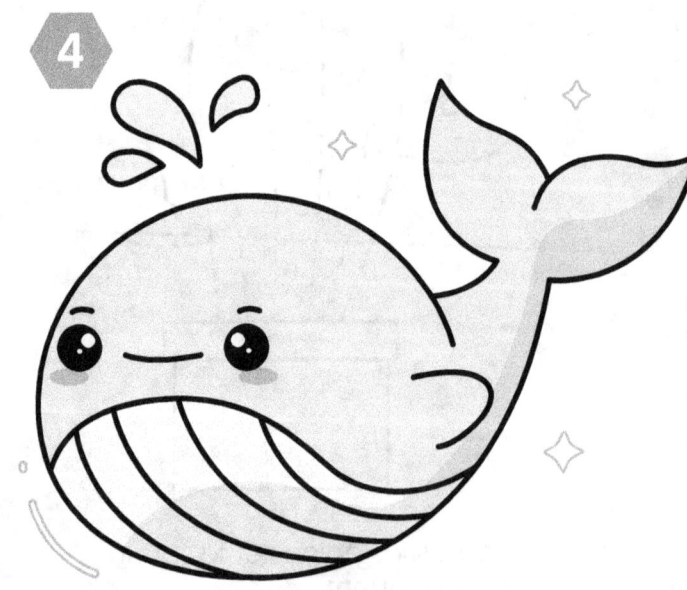

Utiliseriez-vous des nuances de bleu?

Je suis
le plus grand
animal

CERISES

1

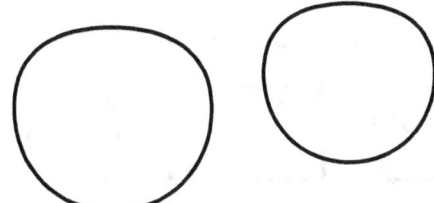

Dessiner une paire de cercles

2

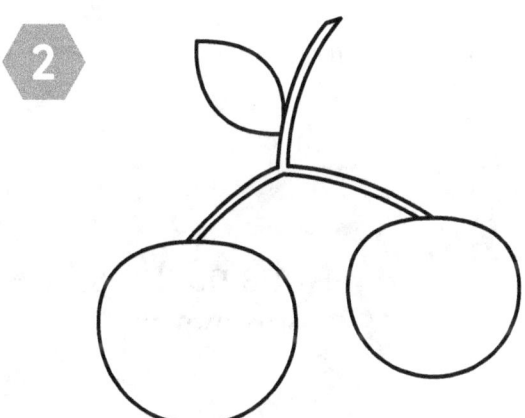

Lu queue et la feuille sont manquantes

3

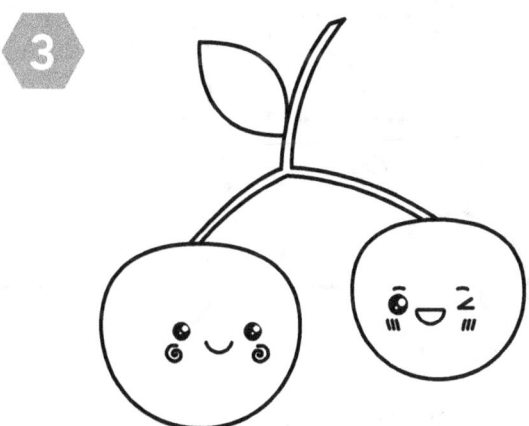

Ajoutez les smileys !

4

Nous venons parfois par deux

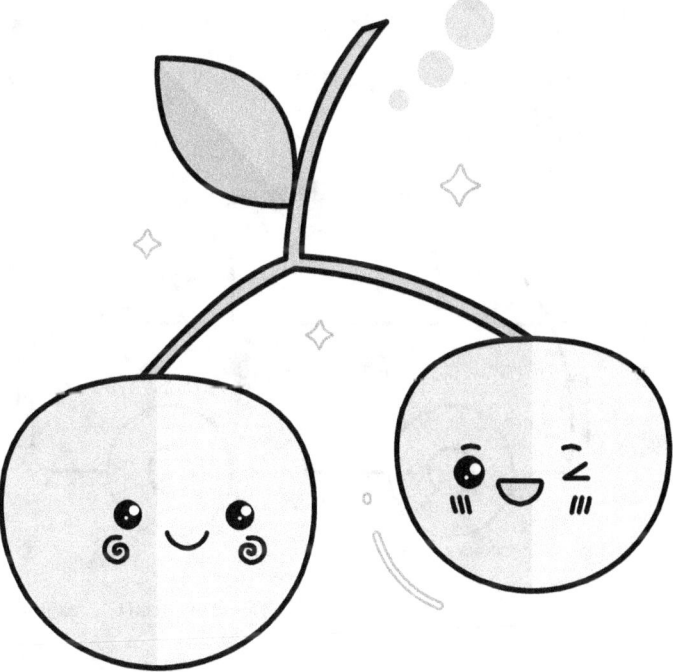

Quel type de rouge préférez-vous?

VOITURE

1

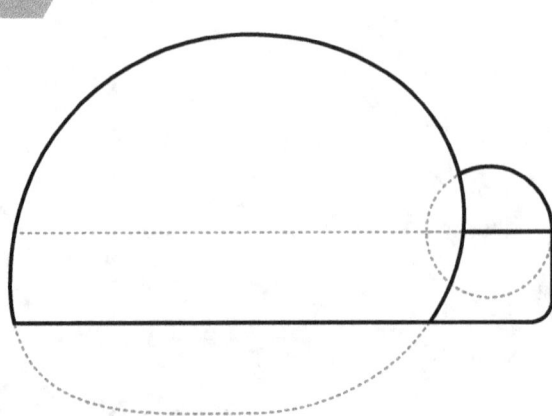

Commencer par les formes de base de la structure

2

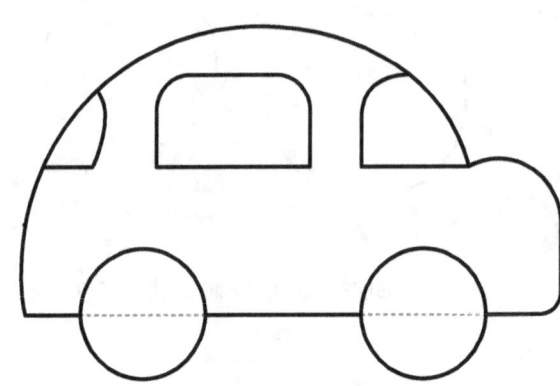

Ajouter des fenêtres et des cercles pour les roues

3

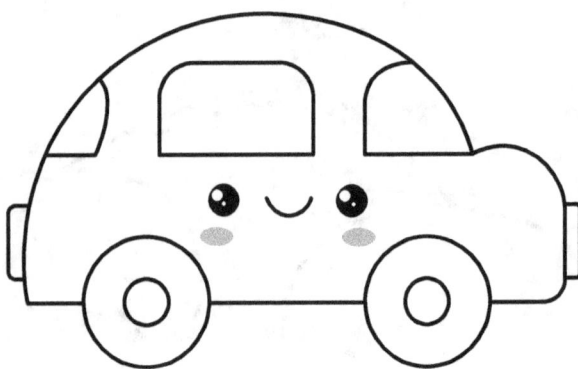

Personnalisez votre voiture !

4

Nous partons en voyage?

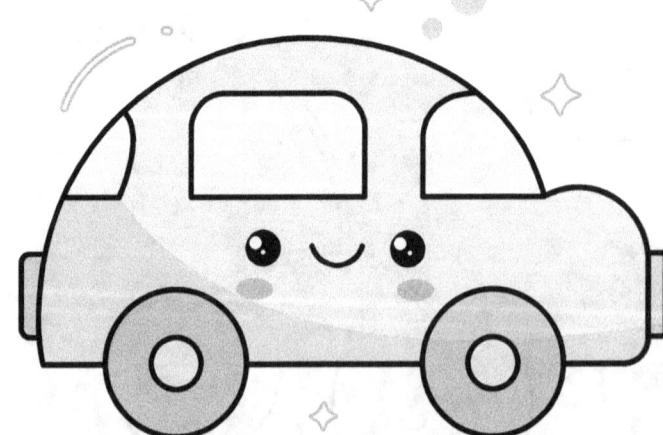

Quelle est la couleur de la voiture de papa?

LAIT

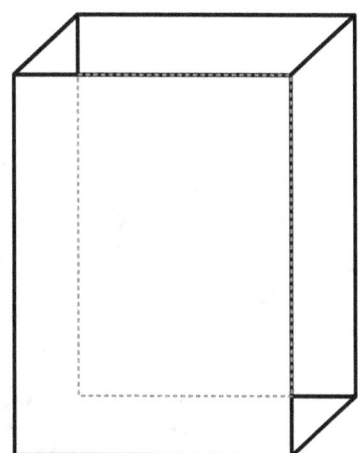

1

Dessiner une boîte à partir de 2 rectangles

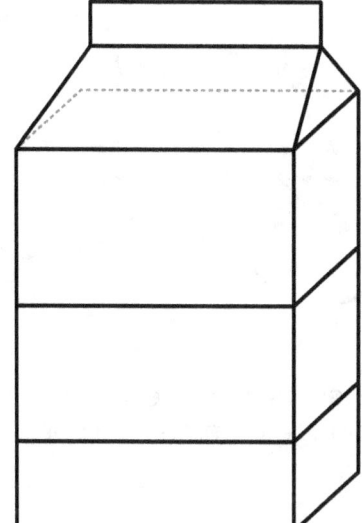

2

Compléter le sommet du carton

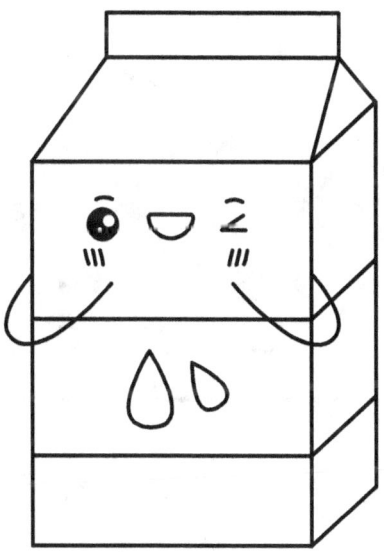

3

Maintenant 2 petits bras et un visage adorable

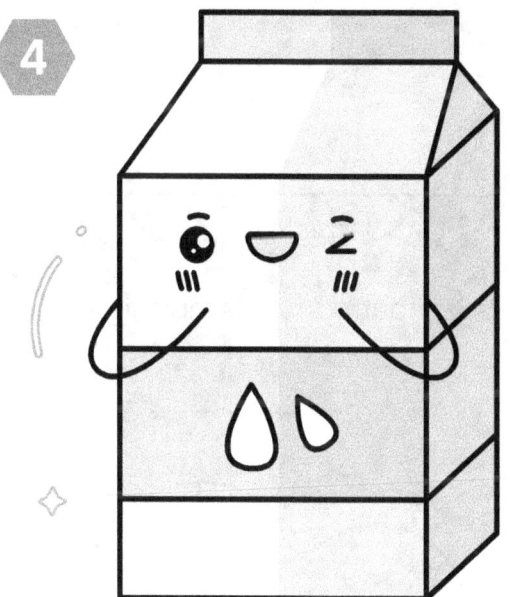

4

Peignez l'étiquette!

Je viens
des vaches

NUAGE

1

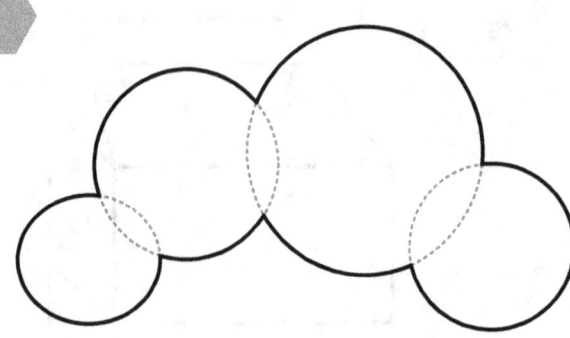

Dessinez des cercles pour que le nuage commence à prendre forme

2

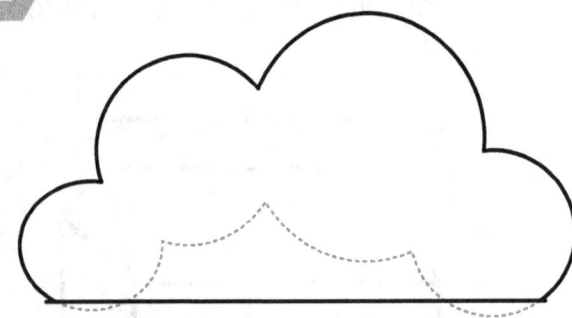

Reliez tout par une simple ligne

3

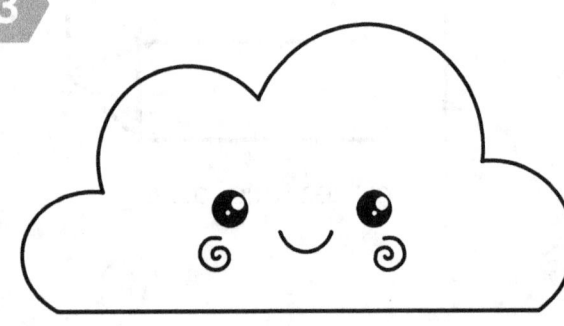

Un petit visage et le tour est joué

4

Je peux changer de forme

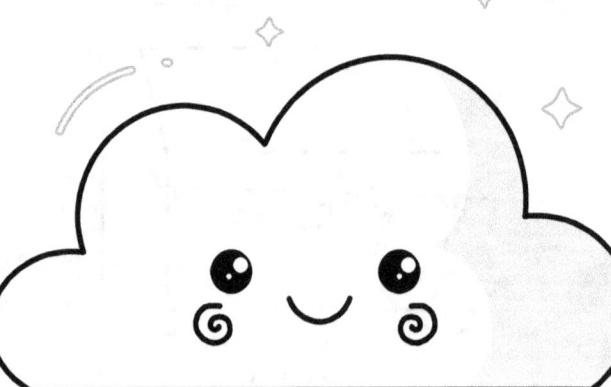

Penchez-vous par la fenêtre et regardez les nuages

CHENILLE

1

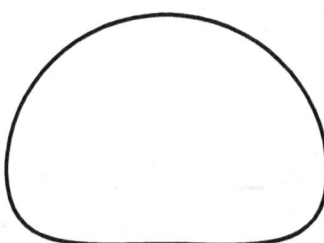

Commencer par un cercle aplati

2

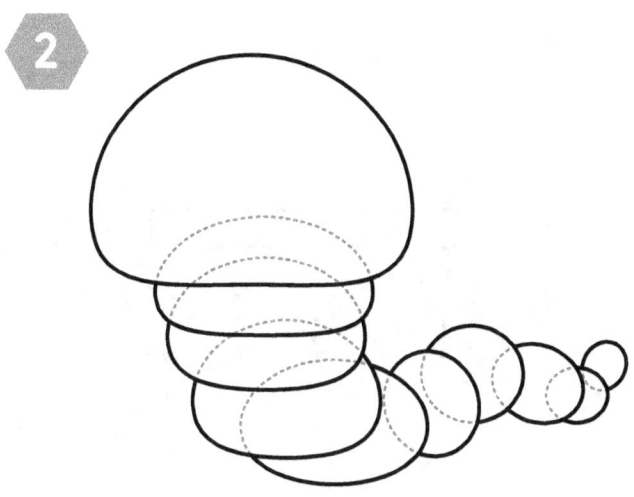

Ajouter d'autres cercles pour créer le corps

3

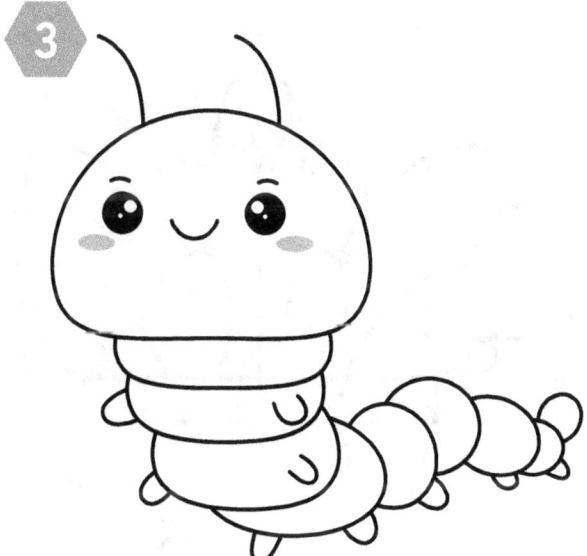

Dessinez beaucoup de jambes, d'antennes et de sourires

4

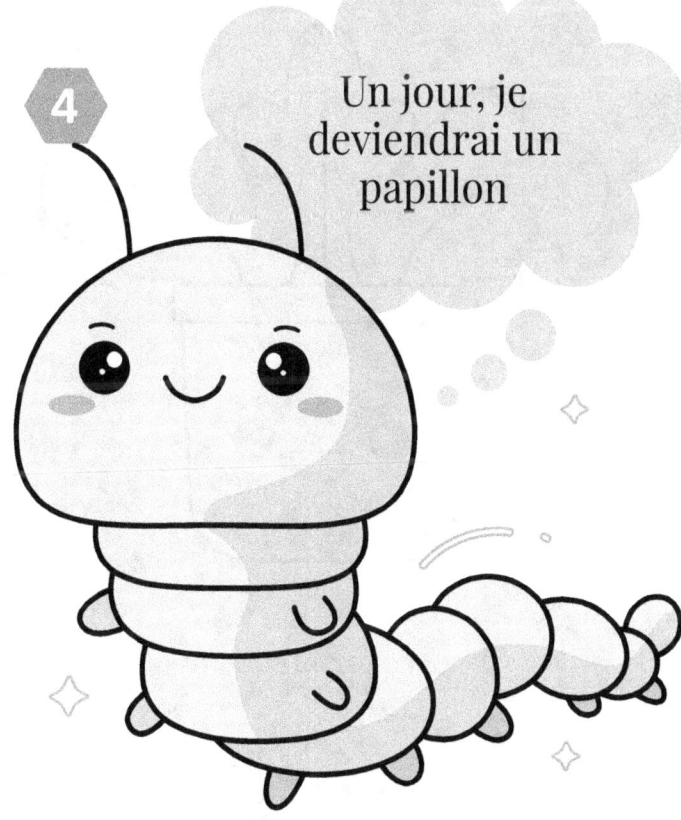

Un jour, je deviendrai un papillon

Peignons ! Les chenilles sont vertes

PLANTE
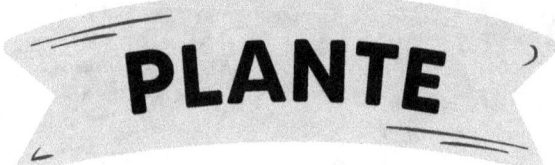

 1

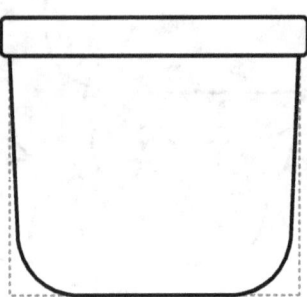

Commencez par un pot carré

2

Ajouter 3 formes pour les feuilles

3

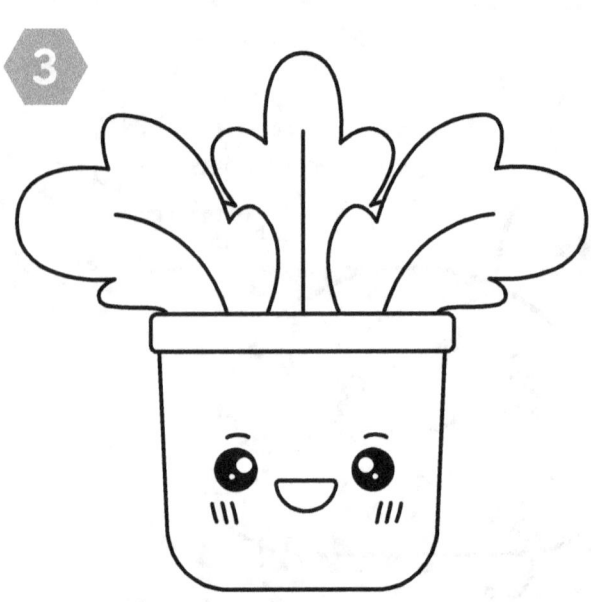

Faites-la sourire!

4

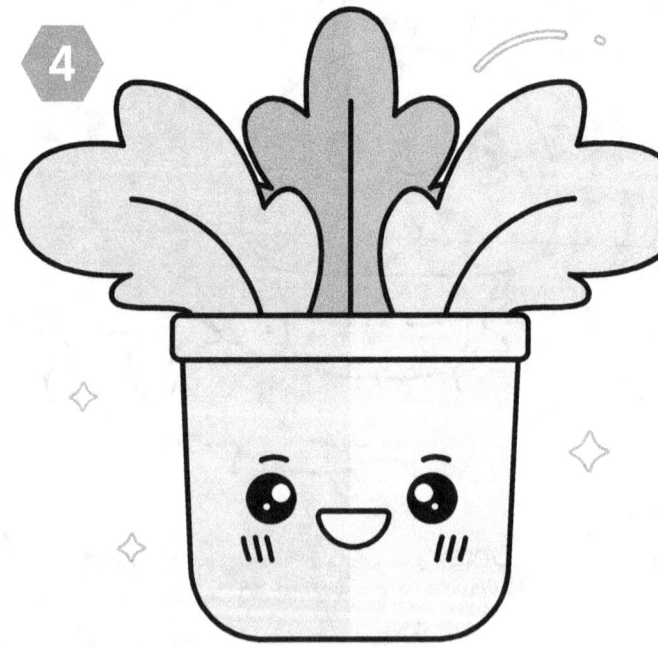

Choisissez une belle nuance de vert

Avez-vous
des plantes dans
votre maison?

FROMAGE

1

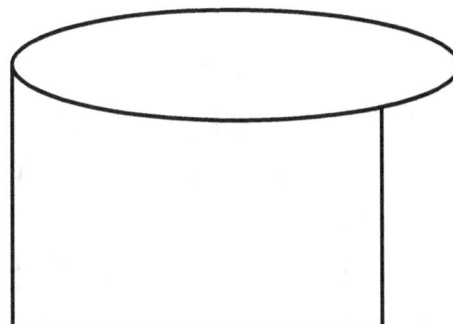

Commence par une ellipse et un carré

2

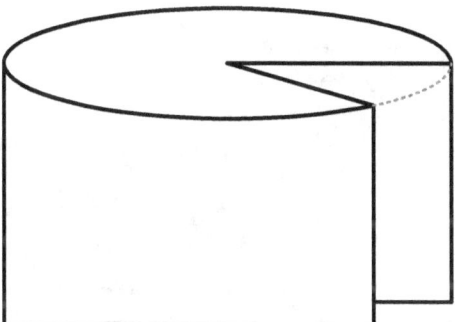

Ajouter des lignes pour créer un triangle de fromage

3

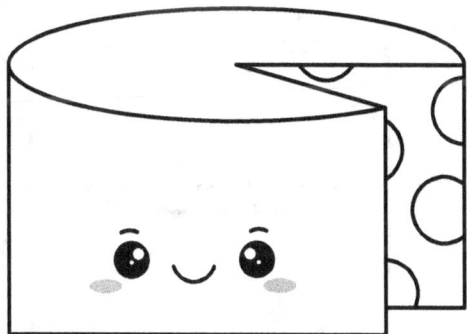

Faire des cercles à l'intérieur et un smiley

4

En France, nous sentons beaucoup

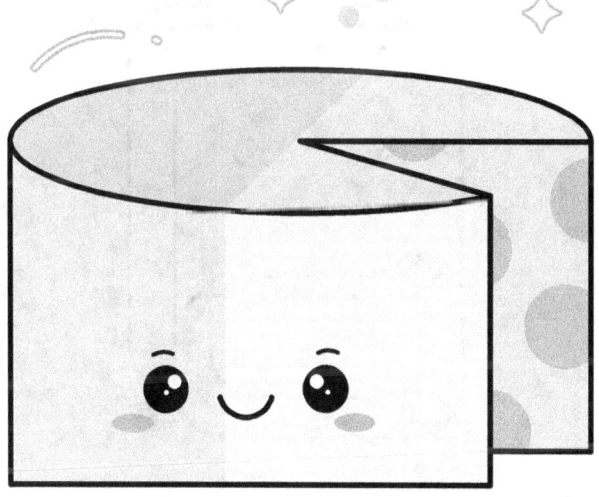

Peignons ! Utilisez différentes nuances de jaune

VALISE

1

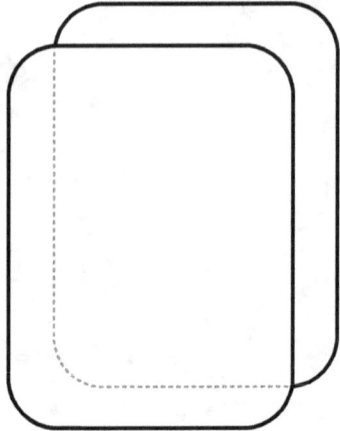

Créer 2 rectangles égaux

2

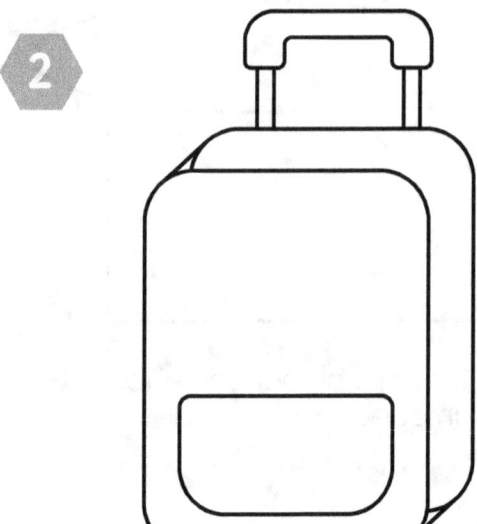

Dessine une poche frontale et une poignée

3

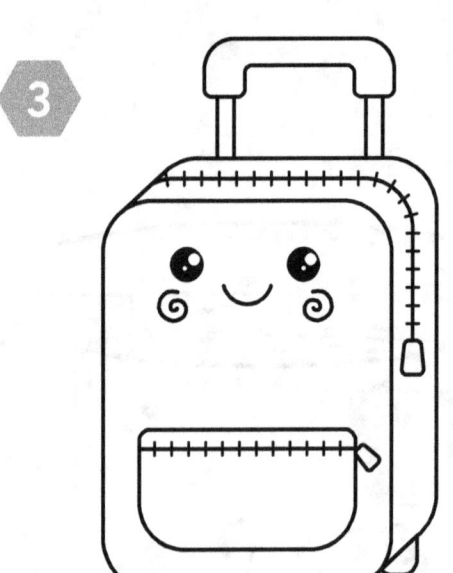

Maintenant 2 fermetures éclair et le sourire kawaii

4

J'adore voyager !

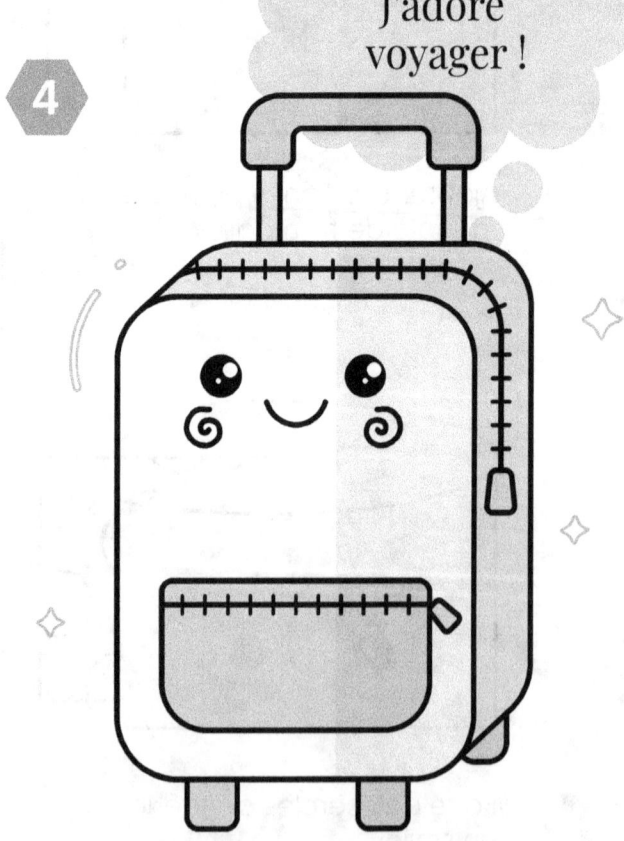

Quelle est votre couleur préférée?

GUITARE

1

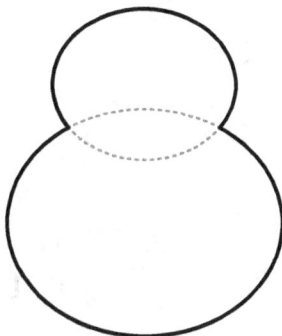

Créez deux cercles aplatis pour le corps de la guitare

2

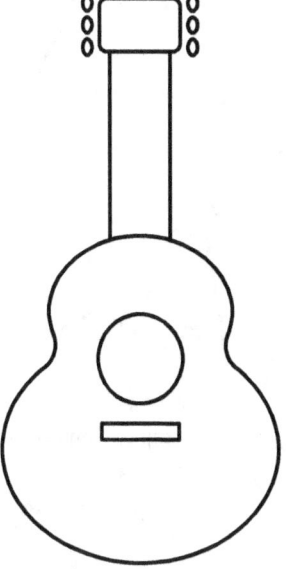

Dessinez le manche et la bouche de la guitare

3

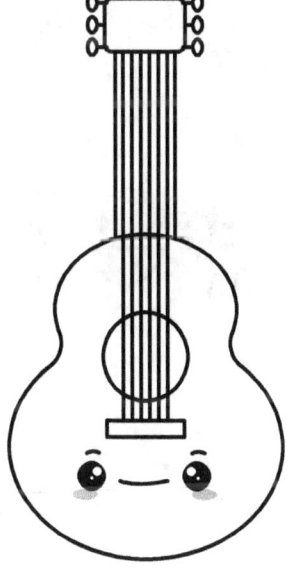

Ajoutez des cordes à votre guitare et un smiley

4

Peint la guitare en marron

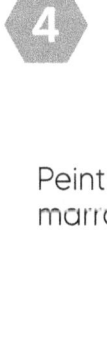
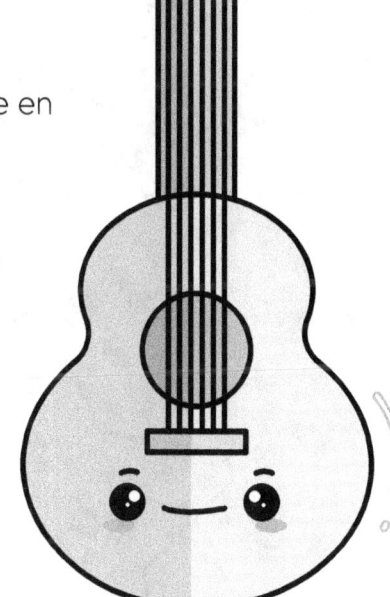

J'ai 6 cordes

ÉTOILE

1

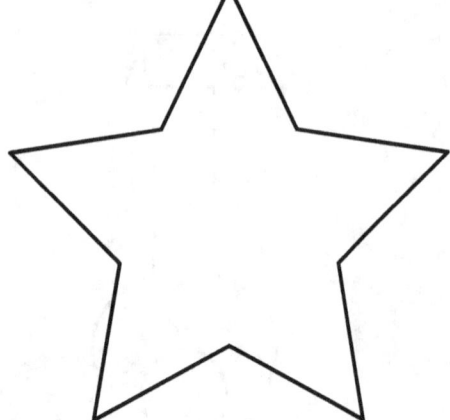

Créer une silhouette avec 5 points

2

Arrondir les extrémités

3

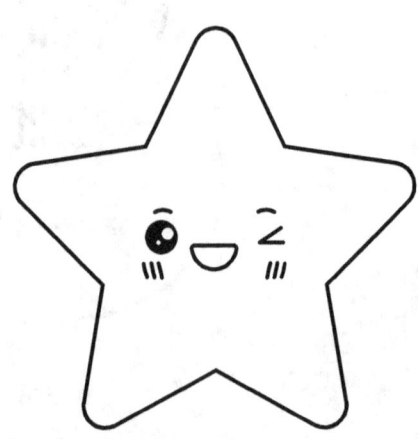

Faites-en une étoile heureuse

4

Je brille dans l'obscurité

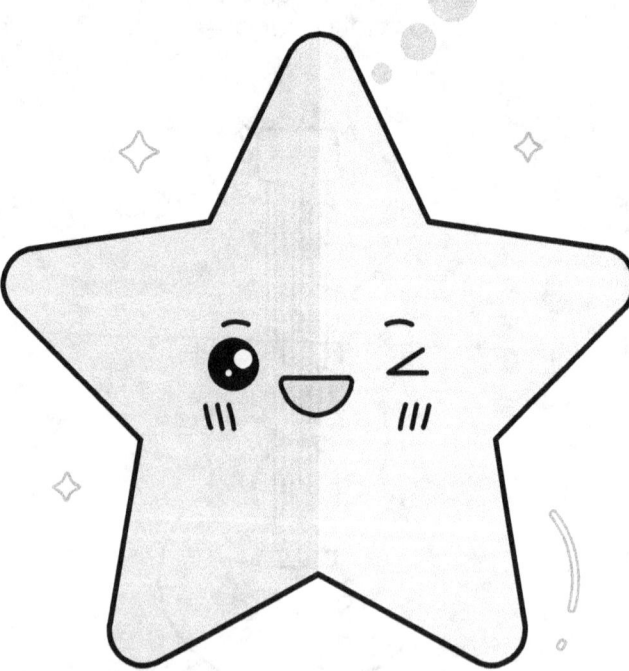

Les étoiles brillent en jaune

SUCETTE

1

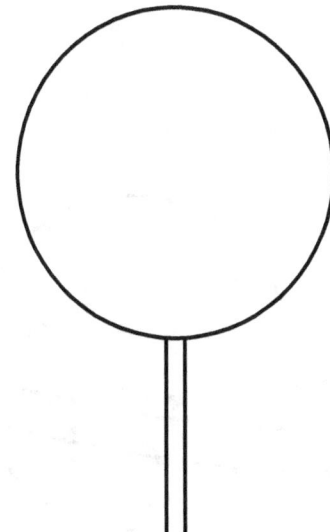

Dessiner un cercle parfait et un rectangle

2

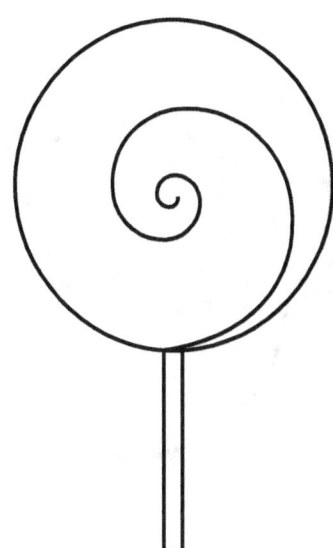

Faire une spirale au milieu

3

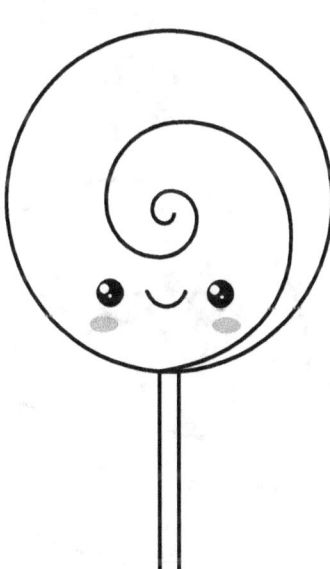

Le visage kawaii manque

4

Je suis douce et colorée

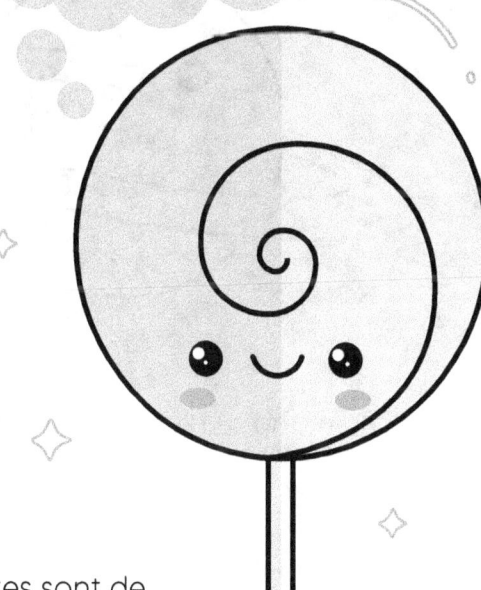

Les sucettes sont de toutes les couleurs

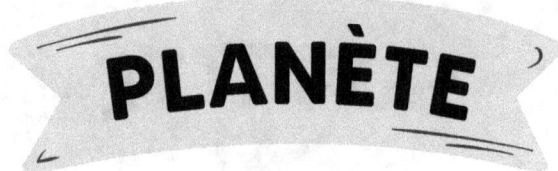

PLANÈTE

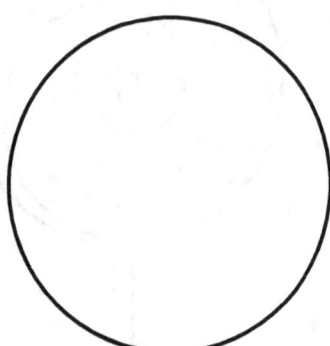

Dessiner un cercle parfait

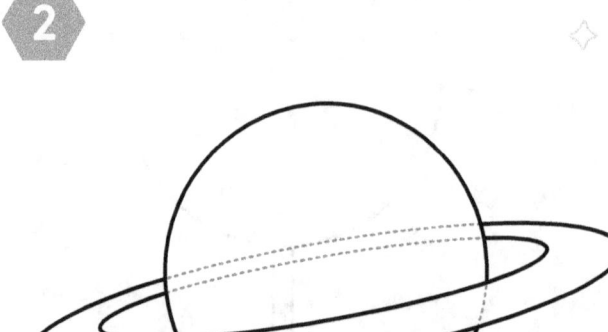

Ajouter 2 anneaux autour

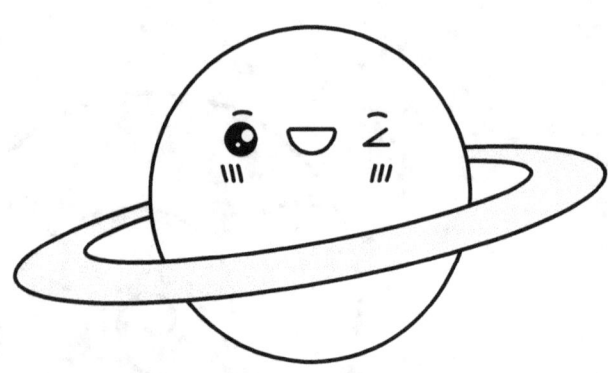

Il ne manque plus qu'un grand sourire!

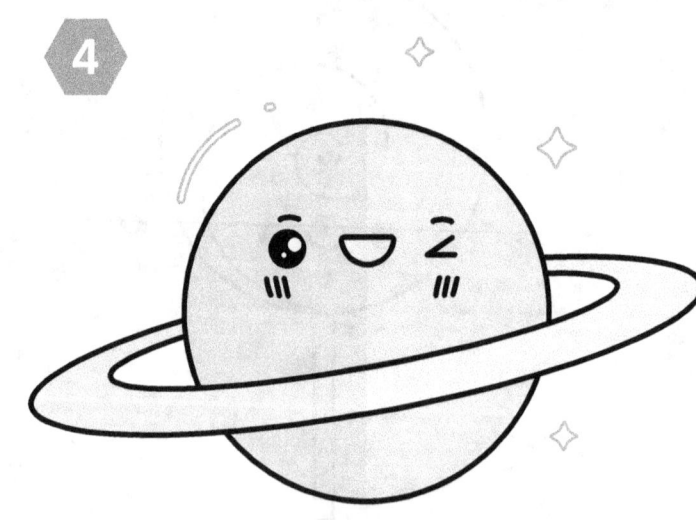

Que diriez-vous d'un violet?

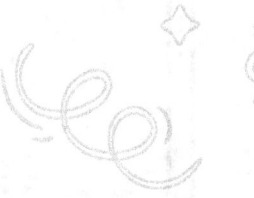

Je fais le tour
du soleil

THÉIÈRE

1

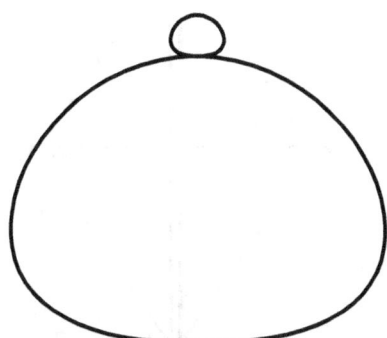

Tracer un grand cercle et un très petit cercle

2

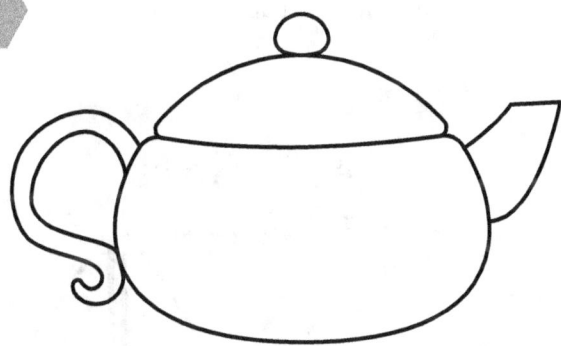

Ajoutez-y quelques détails supplémentaires

3

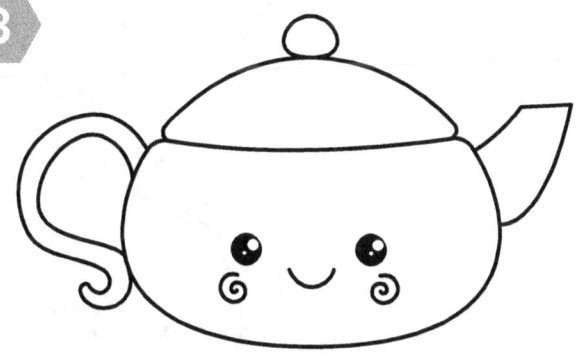

N'oubliez pas de la faire sourire!

4

Vous pouvez me boire chaud ou froid

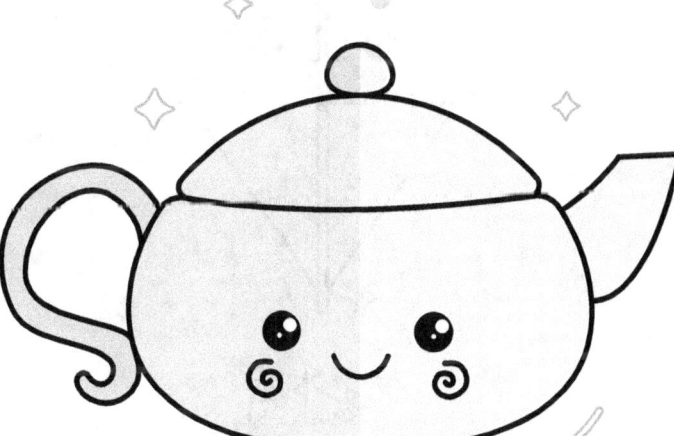

Les théières en porcelaine sont roses ou blanches

CERF-VOLANT

1

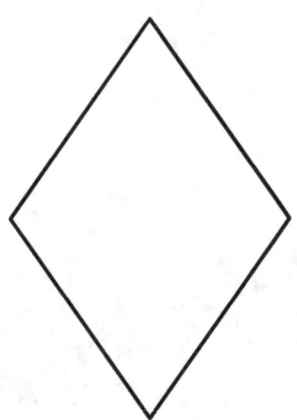

Dessiner un losange parfait

2

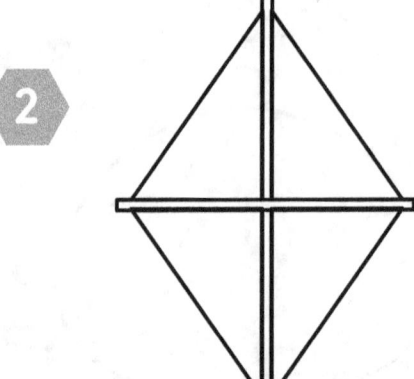

Ajouter des détails tels que la corde

3

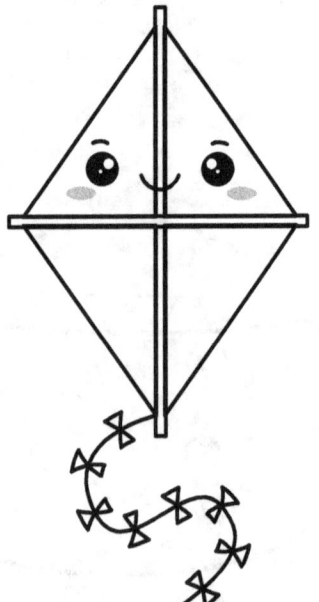

Et bien sûr, des nœuds!

4

Je peux voler très haut

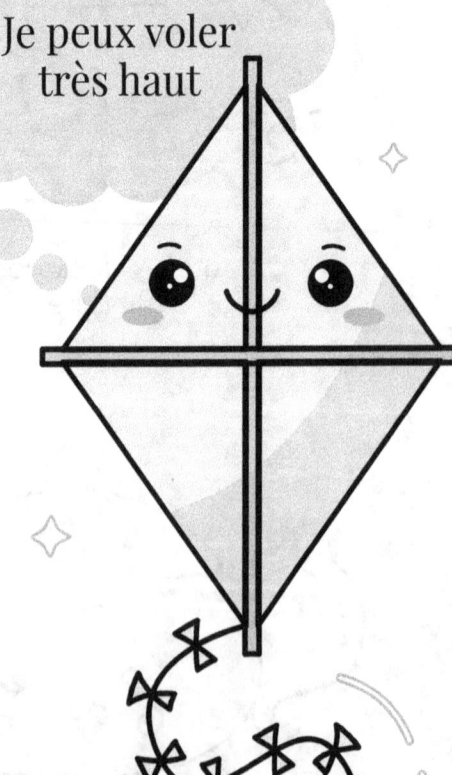

Mettez de la couleur!

PIZZA

1

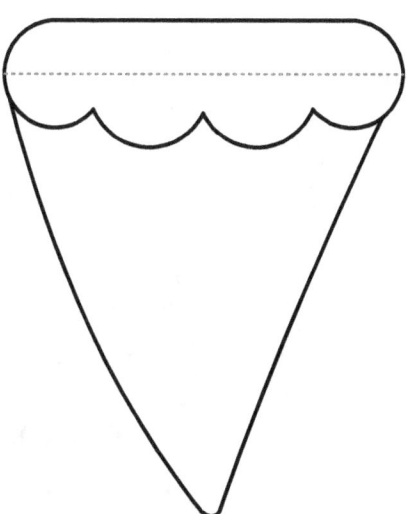

Dessine un triangle inversé et une bordure en forme de nuage

2

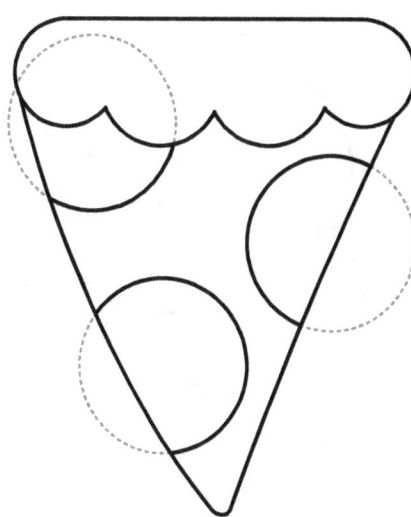

Ajouter 3 cercles pour le pepperoni

3

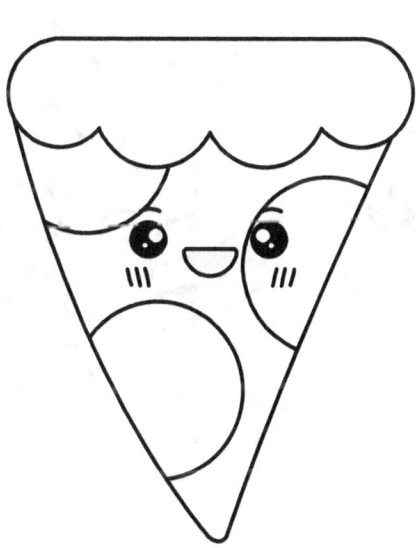

Il est temps de dessiner le visage!

4

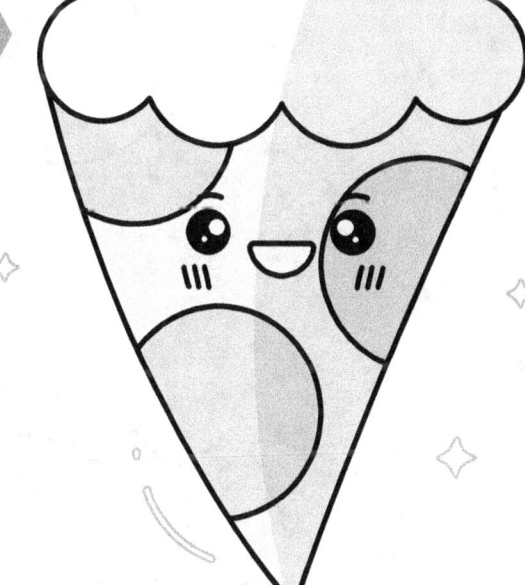

Peignons ! Utilisez du rouge, du jaune et du marron

Je suis le plat le plus consommé

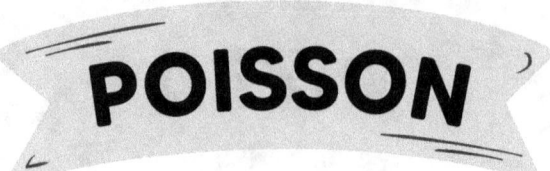

POISSON

1

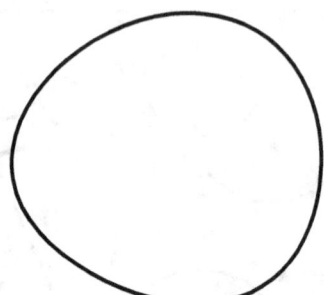

Faire un ovale pointu

2

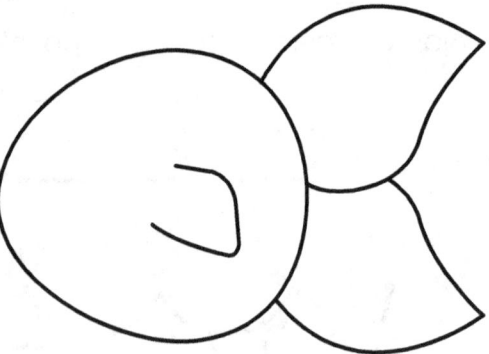

Ajouter la queue et la nageoire

3

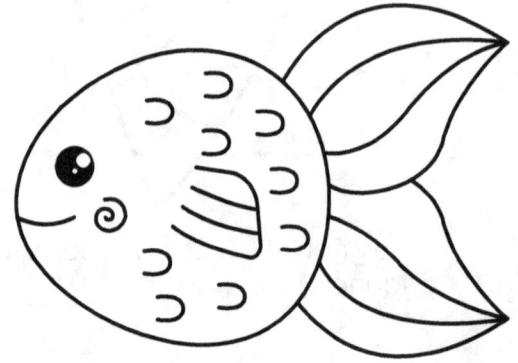

Dessinez plusieurs échelles en forme de "U" horizontal.

4

Je peux respirer sous l'eau

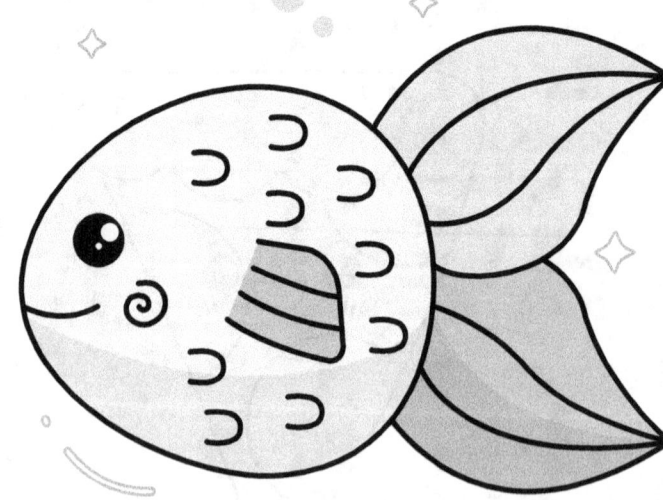

Peignons ! Faites-le coloré

ANANAS

1

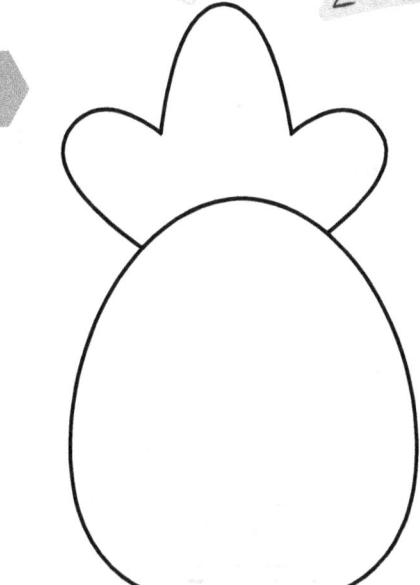

Commencez par un œuf et
3 montagnes sur le dessus

2

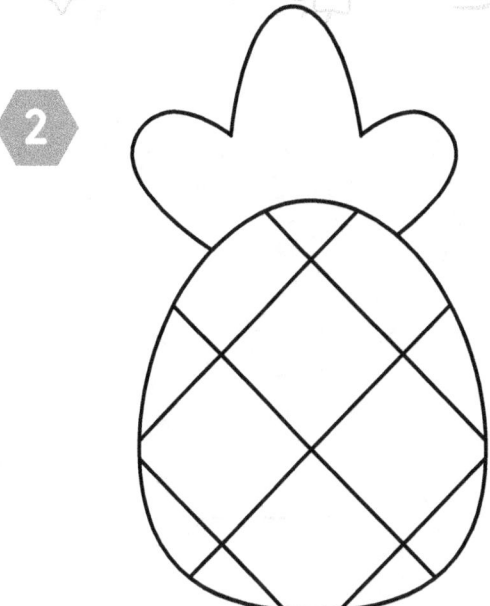

Crée un filet au milieu comme texture

3

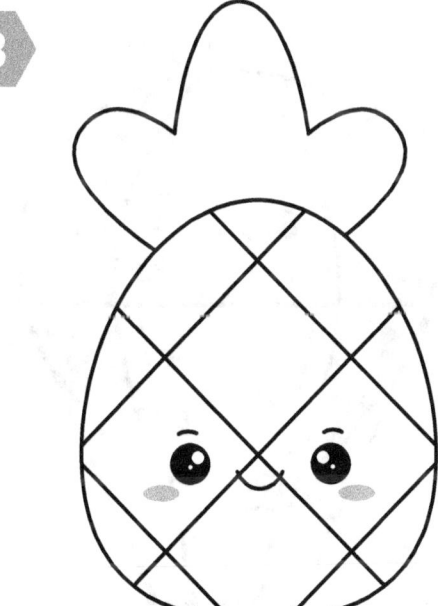

Faites-en un ananas heureux

4

Je suis
délicieux

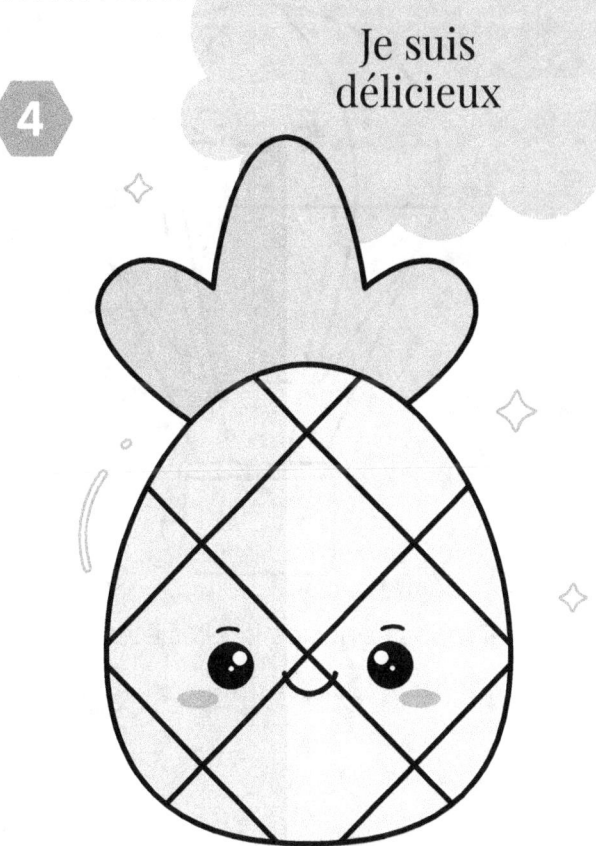

Pourquoi pas le jaune et le vert?

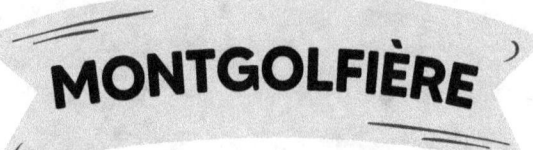

MONTGOLFIÈRE

 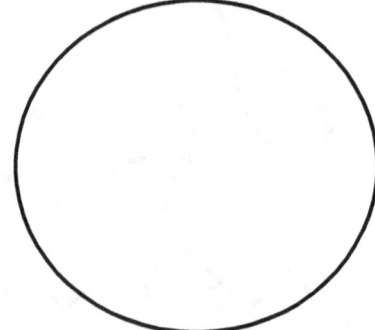

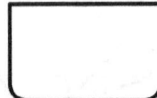

Dessinez un rectangle et un cercle aplati

 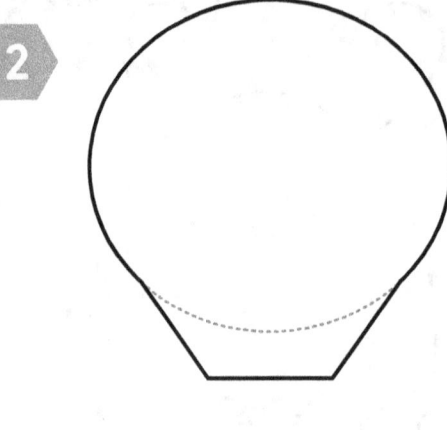

Ajouter des détails sur les deux figures

 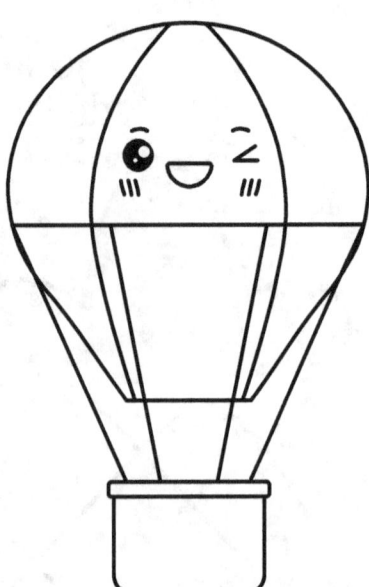

Il manquent des ficelles et un smiley

 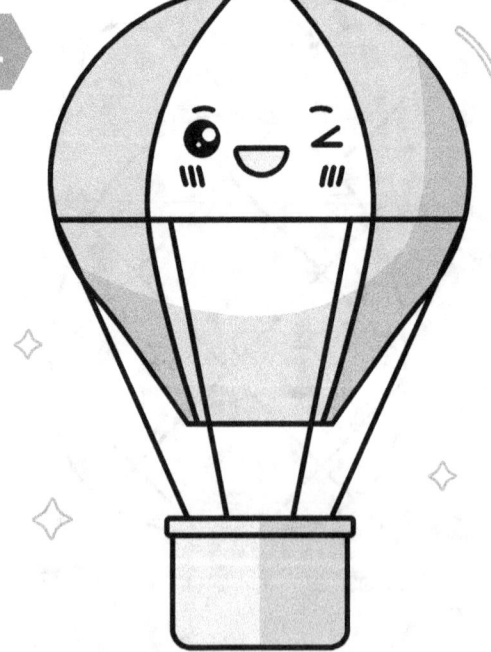

Vous pouvez le peindre en rouge et blanc!

Je peux
voler du sol
au ciel

MOUTON

1

Facile ! Commencez par un nuage

2

Poursuivez par les jambes et le visage

3

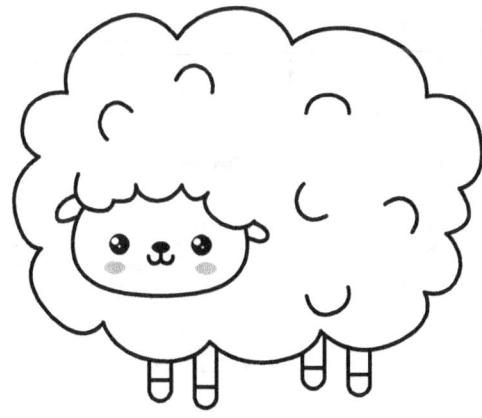

Rendez-la douce et souriante

4

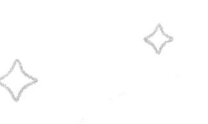

Vous pouvez faire des manteaux avec ma laine

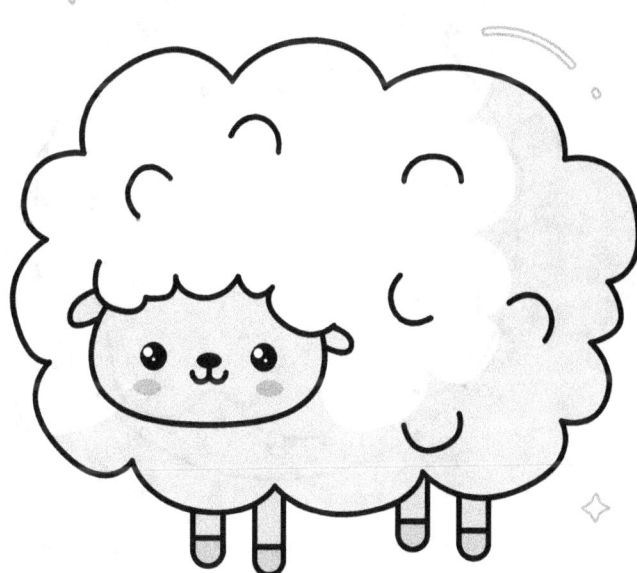

De quelle couleur pensez-vous que sont les moutons?

DONUT

1

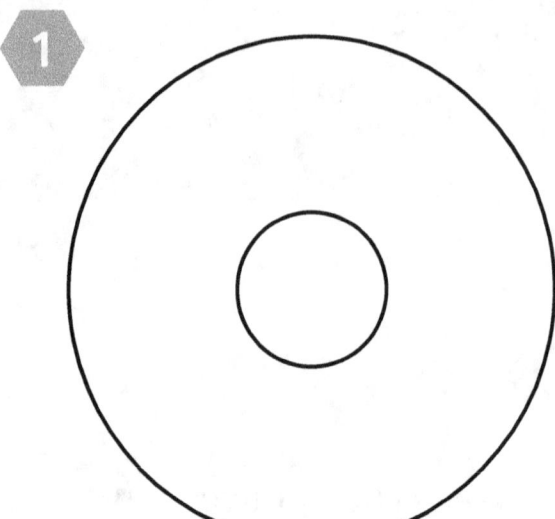

Dessiner deux cercles concentriques

2

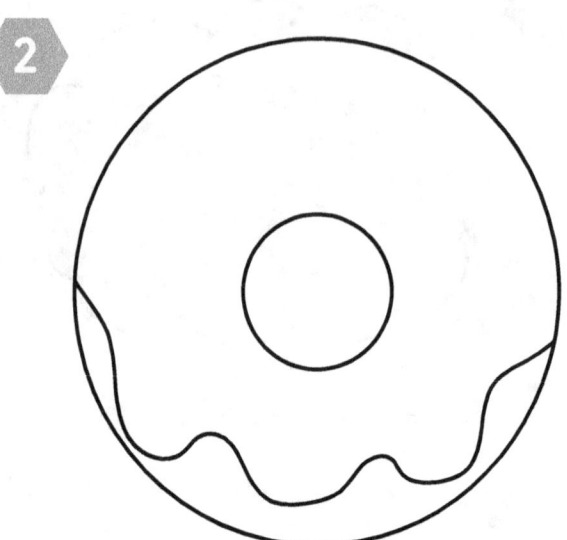

Ajouter une ligne courbe pour le glaçage

3

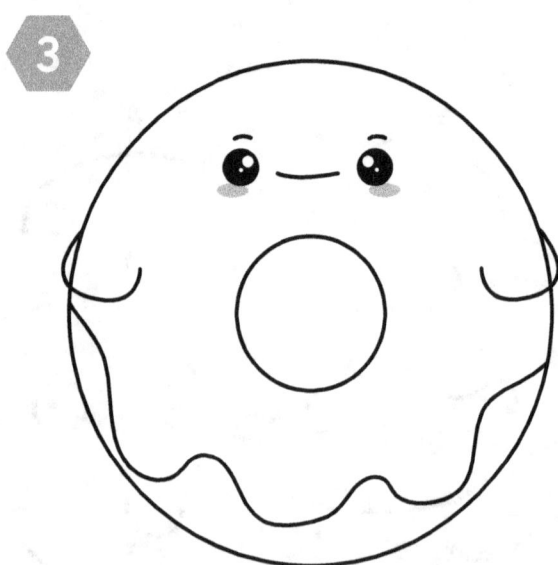

Les beignets nous rendent heureux!

4

Quel est votre beignet préféré?

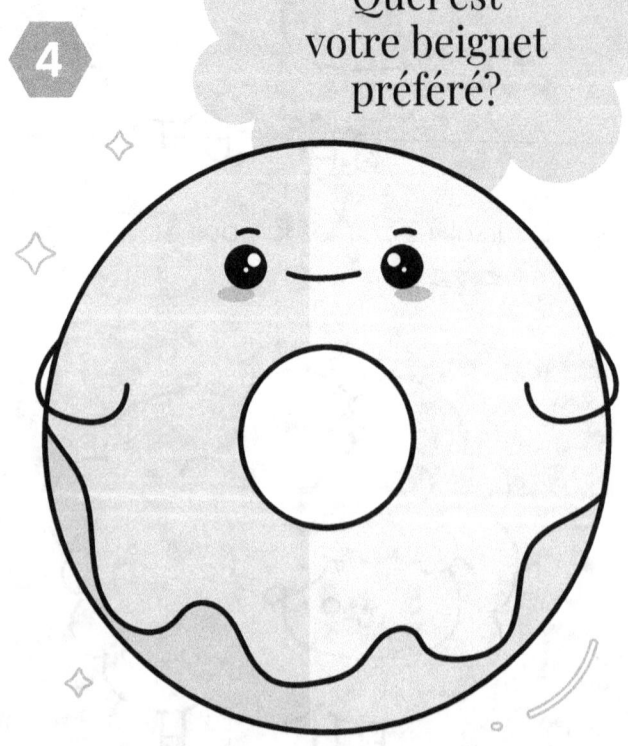

Chocolat blanc, rose ou au lait?

BATEAU

1

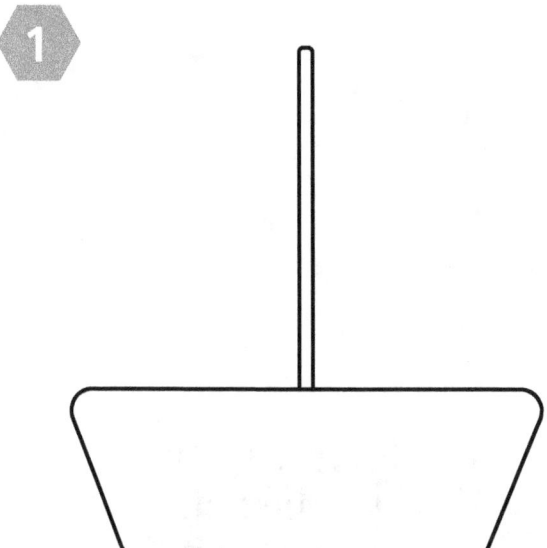

Dessinez la base du navire et le mât

2

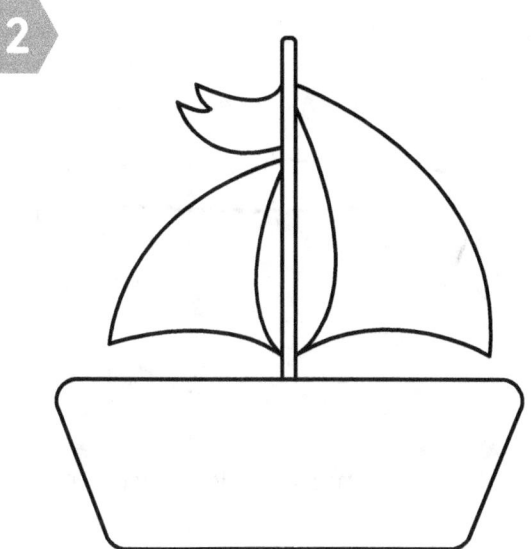

Ajouter les voiles au mât

3

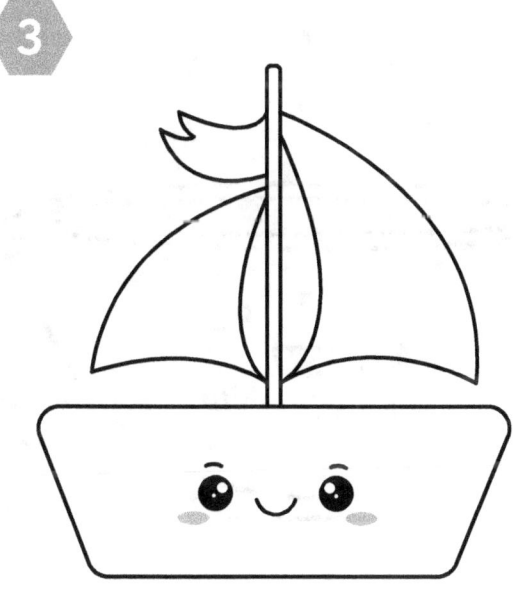

L'adorable petit visage manque

4

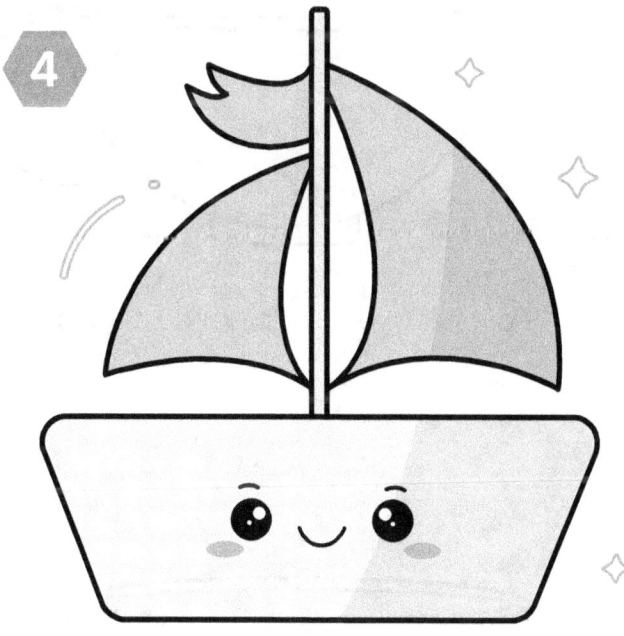

Les bateaux en bois sont bruns

J'aime
sentir le vent
dans mes voiles

TASSE

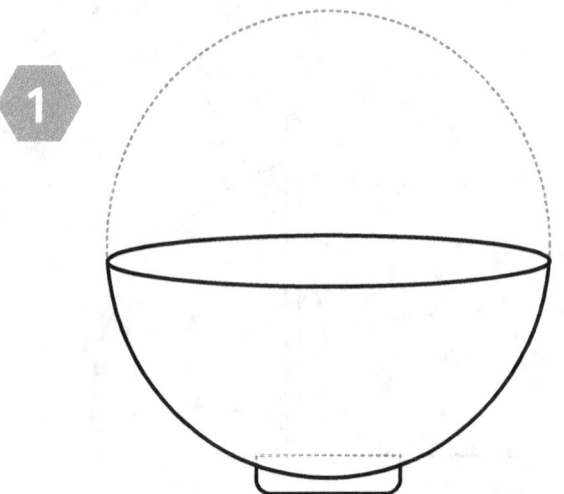

1 Dessiner une demi-sphère

 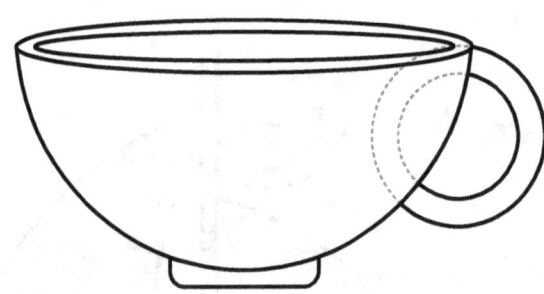

2 Poursuit avec une poignée circulaire

4

Préférez-vous votre thé noir ou avec du lait?

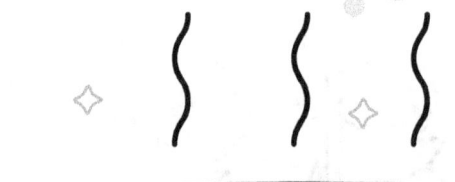

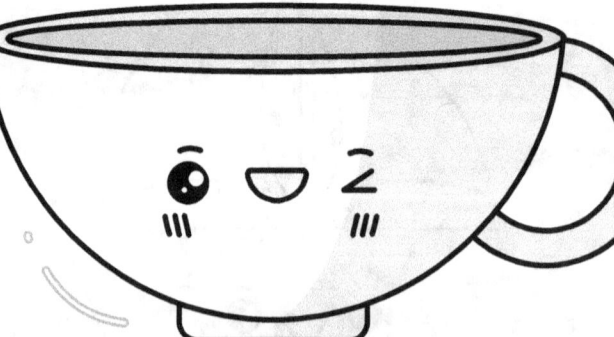

Vous pouvez la peindre ou la laisser blanche

3

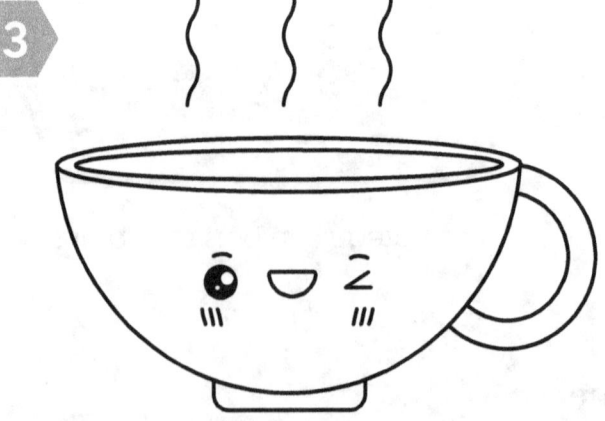

C'est très chaud! Dessiner la fumée

CRAYON

1

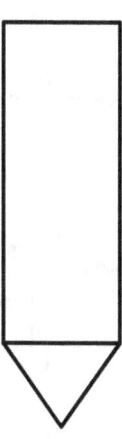

Commence par un rectangle
sur un triangle

2

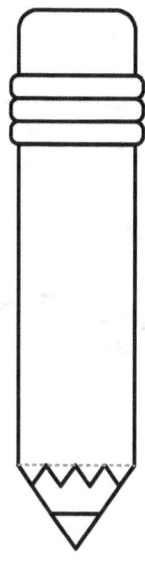

Ajouter plus de détails aux deux extrémités

3

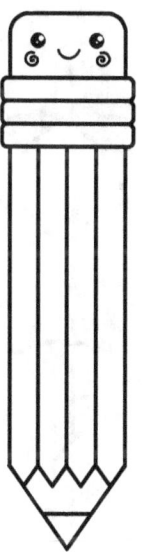

Dernières lignes verticales
et petit visage

4

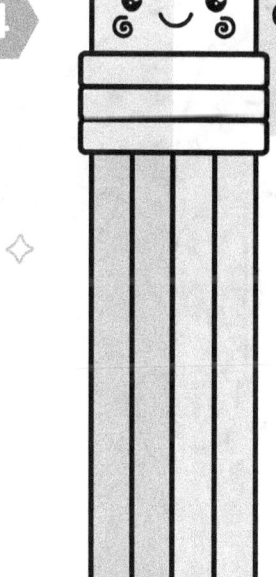

Que
dessinez-vous
maintenant?

Quel crayon
de couleur
utilisez-vous ?

PARAPLUIE

1

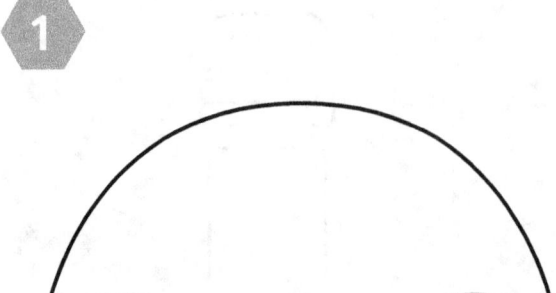

Dessine un demi-cercle avec des sommets

2

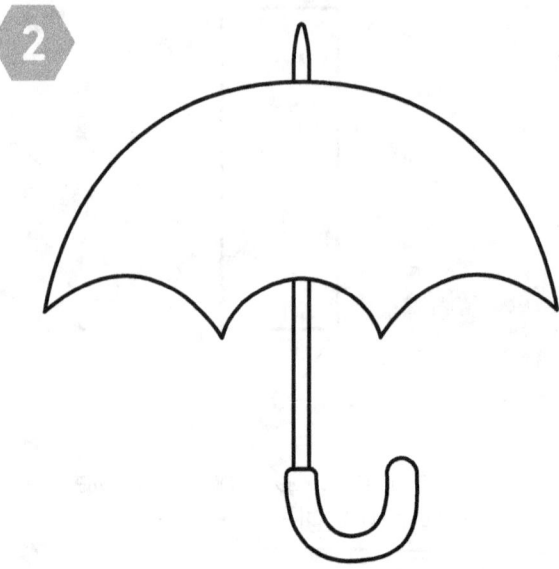

Ajouter le bâton et la poignée

3

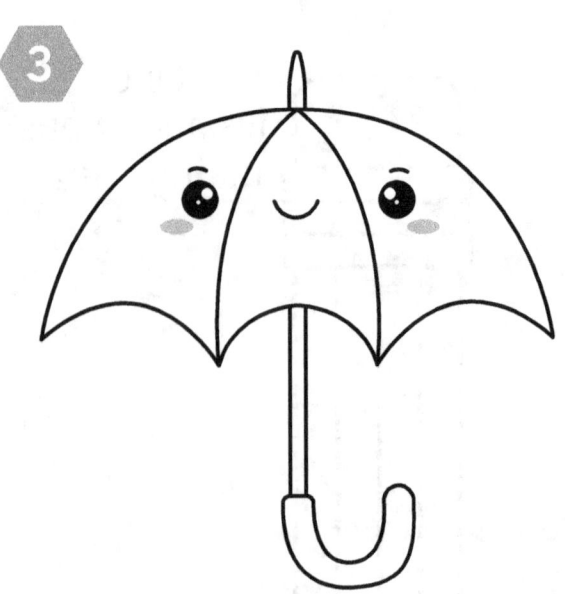

Il suffit de le faire sourire!

4

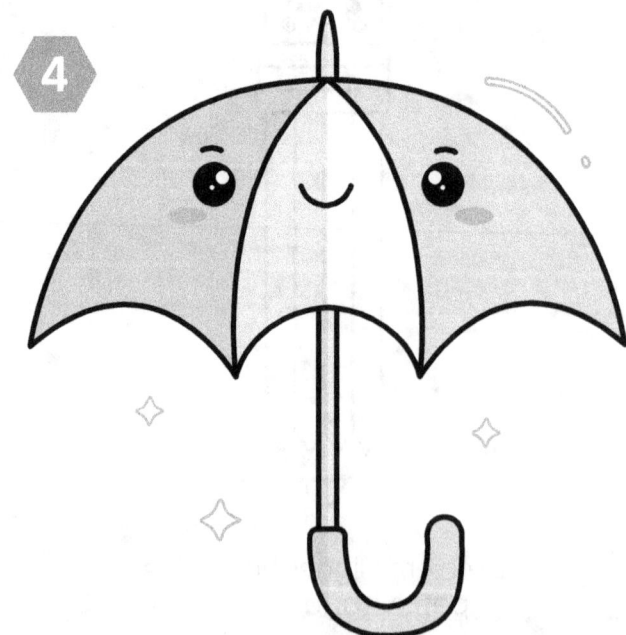

Quelle est la couleur de votre parapluie ?

J'aime les jours de pluie

CRABE

1

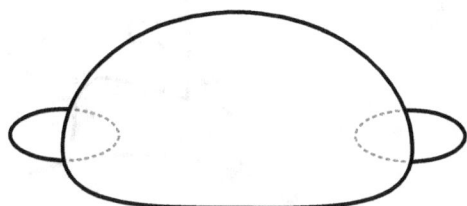

Commencez par un cercle aplati et deux ovales

2

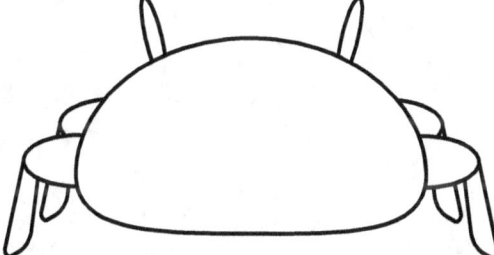

Dessiner les pattes du crabe

3

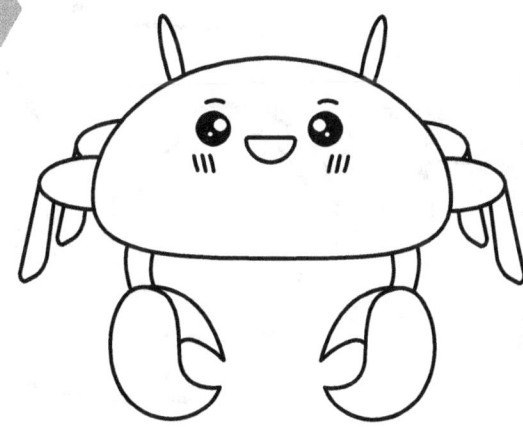

Enfin, une grande pince pointue

4

J'aime me cacher dans le sable

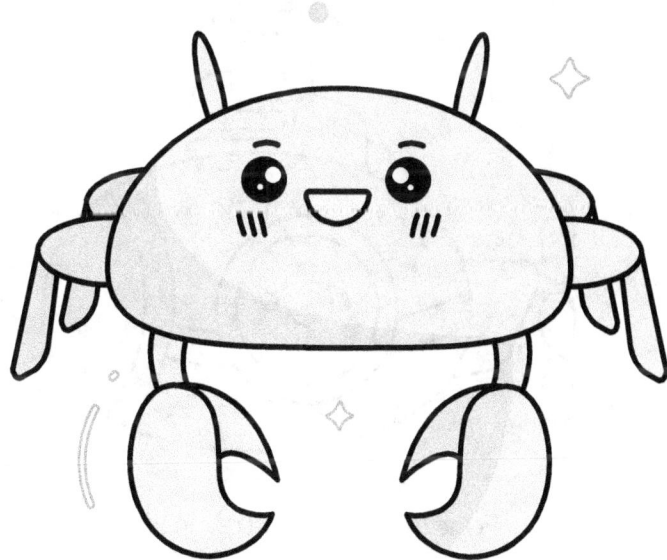

Le crabe commun est orange

SOUS-MARIN

1

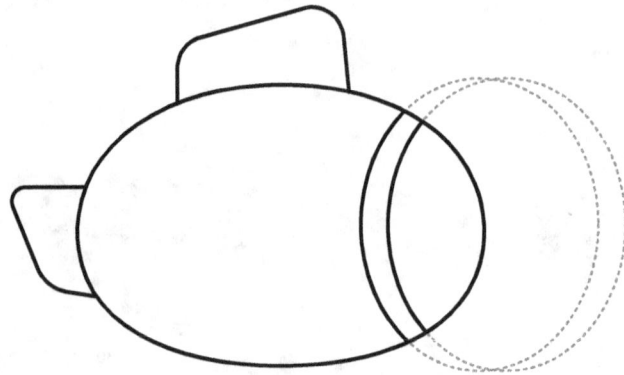

Commencer par un ovale comme base

2

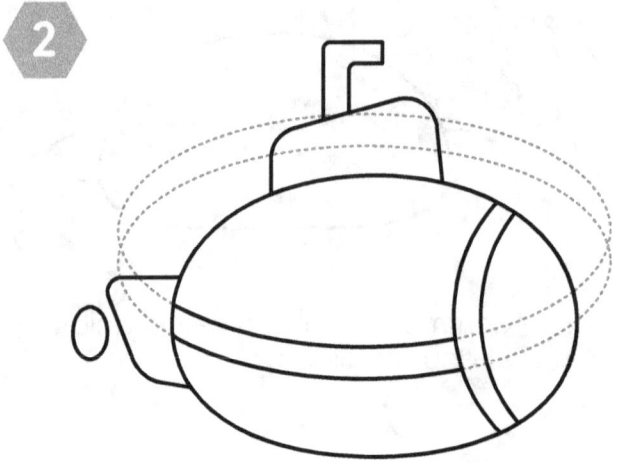

Ajouter le périscope

3

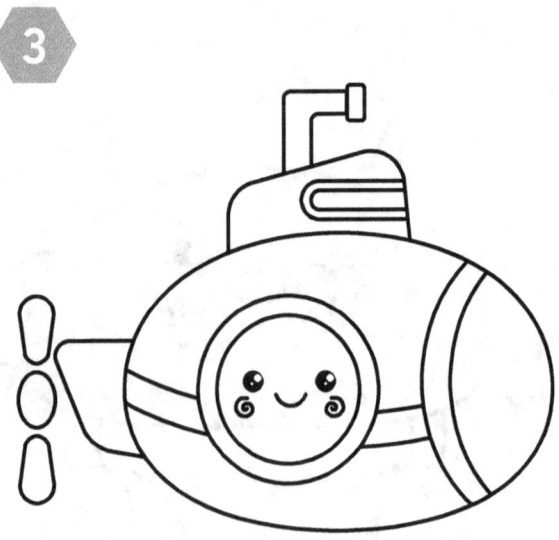

Fenêtres et hélice pour terminer

4

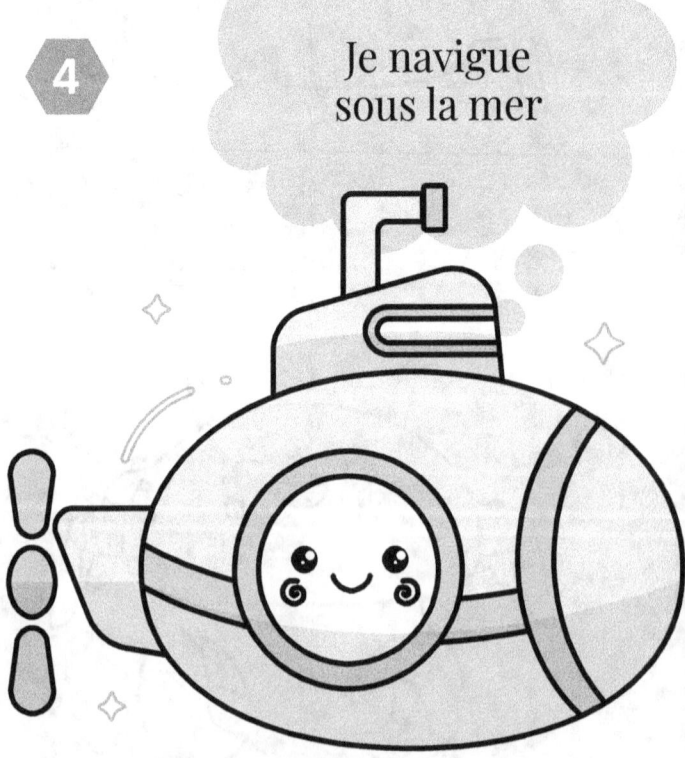

Je navigue sous la mer

Pouvez-vous imaginer un sous-marin jaune?

ESCARGOT

1

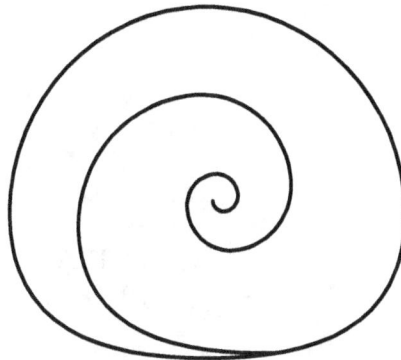

Dessiner une spirale

2

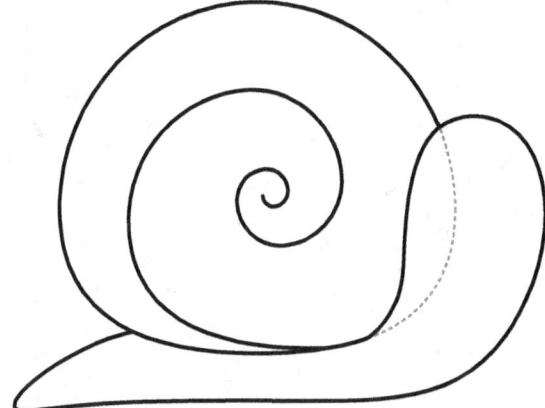

Ajoutez maintenant un corps allongé

3

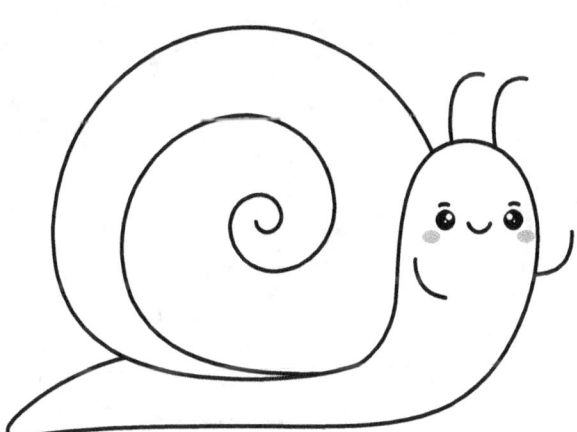

Il manquent des bras et des antennes

4

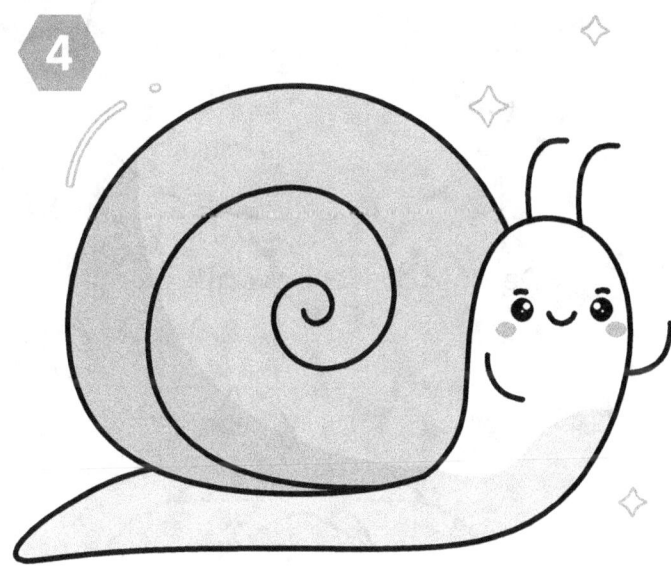

Peignons! Le marron et le vert vont bien ensemble

Je peux grimper
aux murs

TOMATE

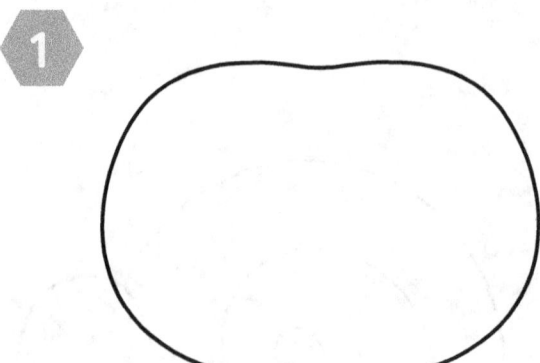

1

Dessiner un cercle aplati

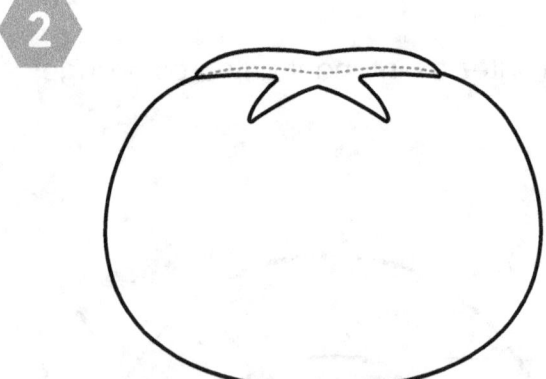

2

Dessiner des feuilles sur le dessus

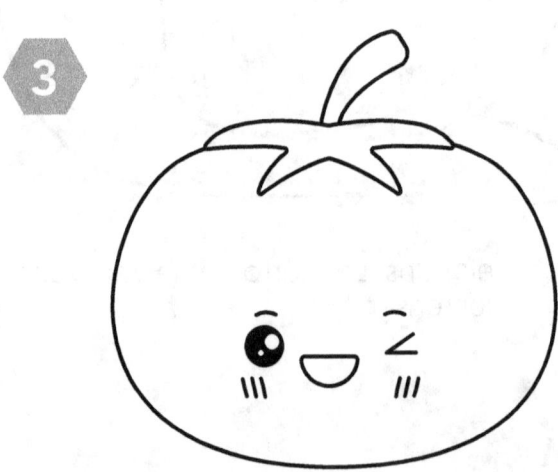

3

Faites sourire votre tomate!

4

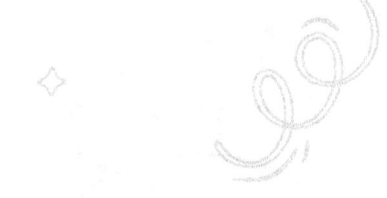

Plus rouge,
plus délicieux

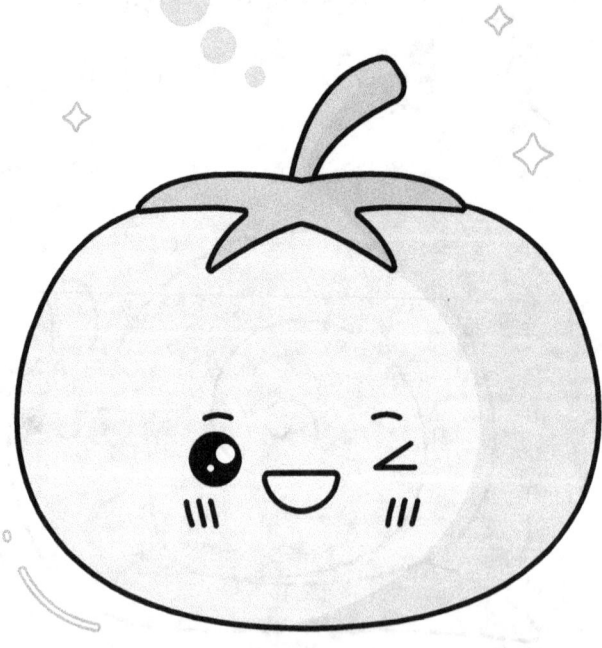

Peignez-le en rouge tomate!

CADEAU

1

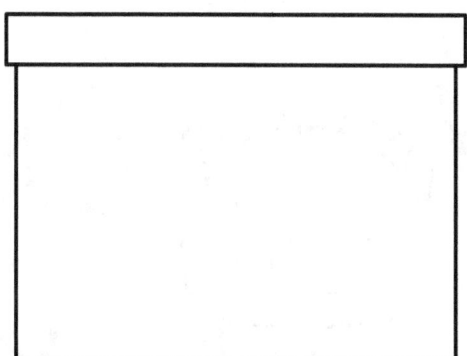

Commencez par dessiner 2 rectangles

2

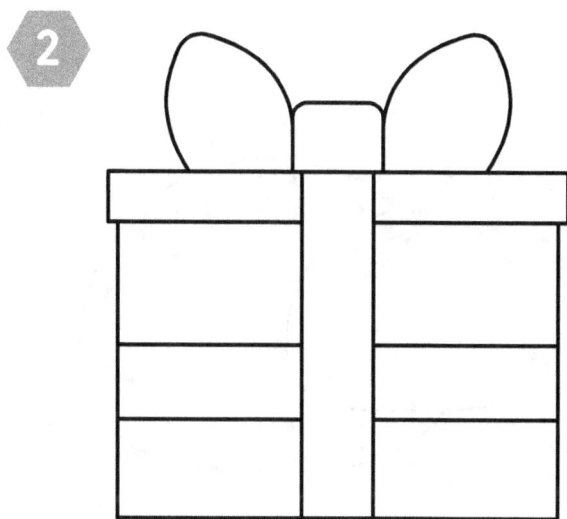

Ajouter d'autres rectangles en guise de rubans

3

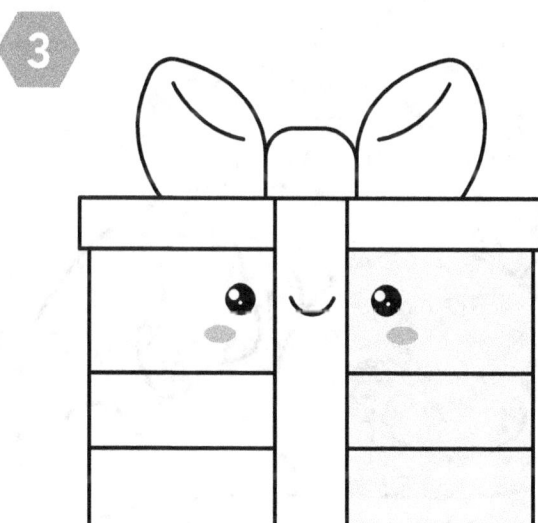

Il manque un sourire kawaii

4

Devinez ce qu'il y a à l'intérieur de moi?

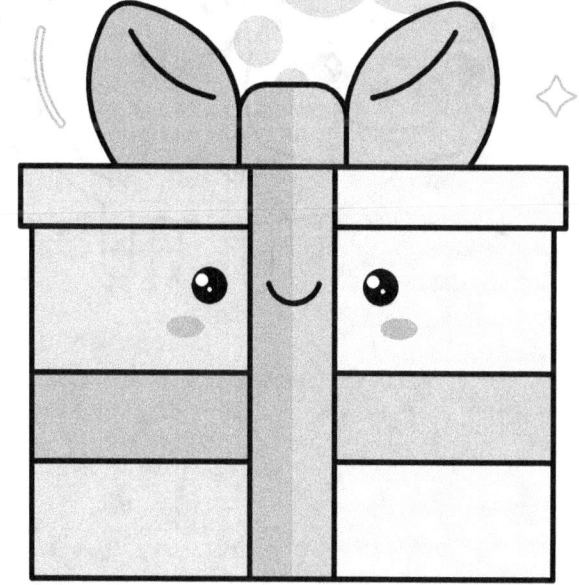

Peignons! Le rouge et le jaune fonctionnent bien

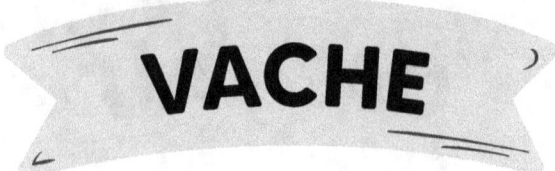

VACHE

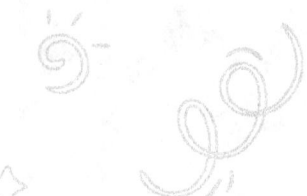

1

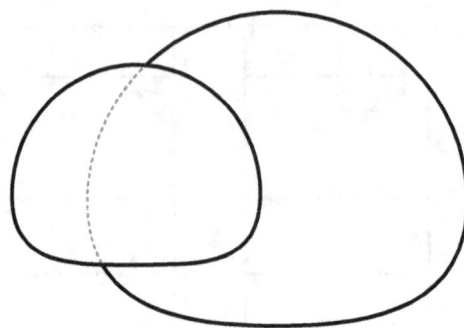

Dessinez 2 cercles écrasés

2

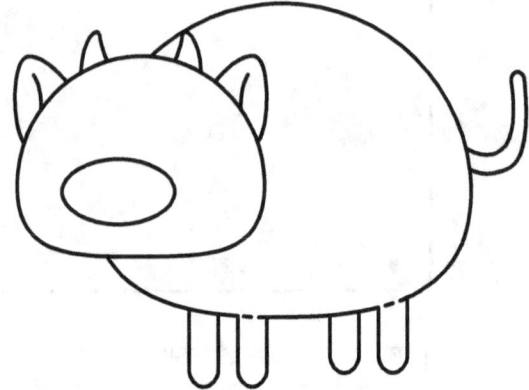

Ajoutez des cornes, des oreilles, des pattes, une queue...

3

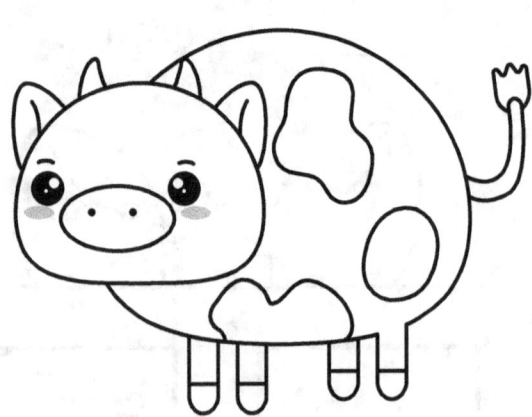

Yeux et taches pour terminer

4

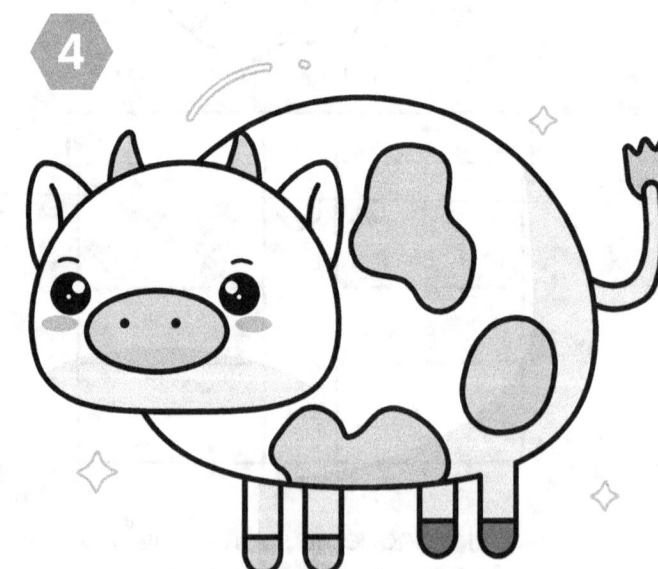

Peindre le nez en rose et les taches en noir

J'ai des taches de toutes formes

PAIN

1

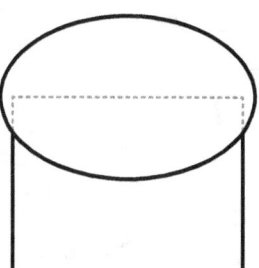

Dessiner un ovale sur un rectangle

2

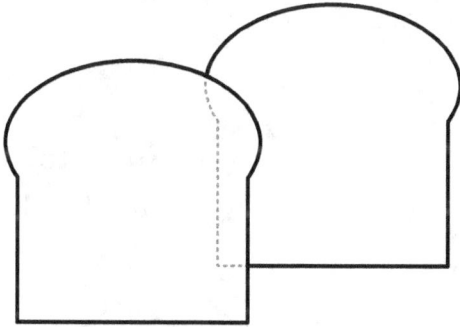

Répéter l'opération pour 2 tranches de pain

3

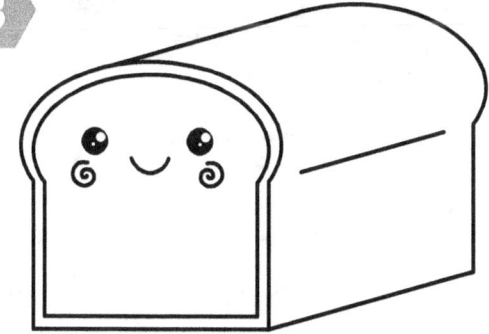

Assembler les deux parties pour créer la miche de pain

4

Je suis meilleur à peine sorti du four

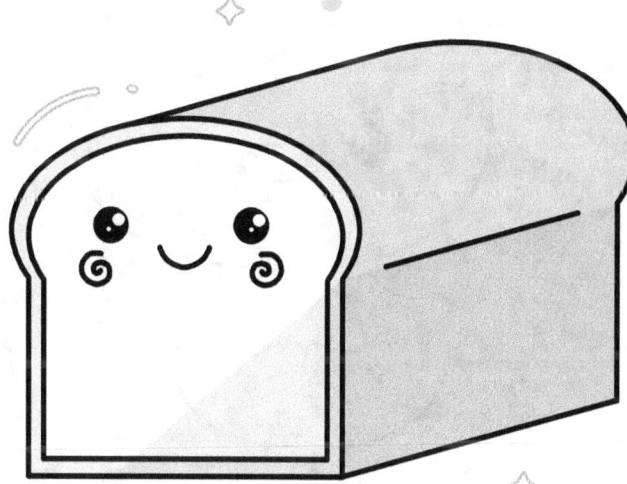

Vous pouvez le peindre en marron et en beige

POULET

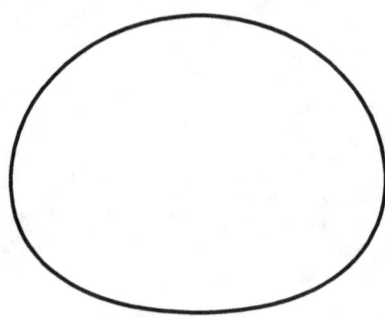

Commencer par un ovale pour le visage

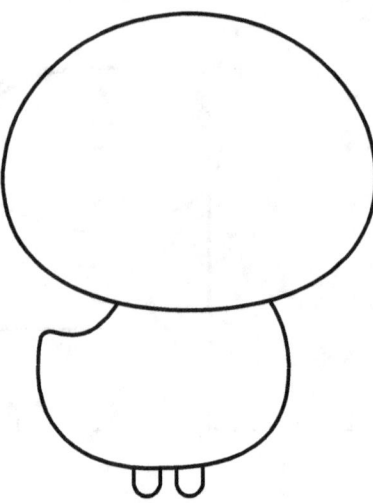

Maintenant un petit corps avec une queue et des jambes

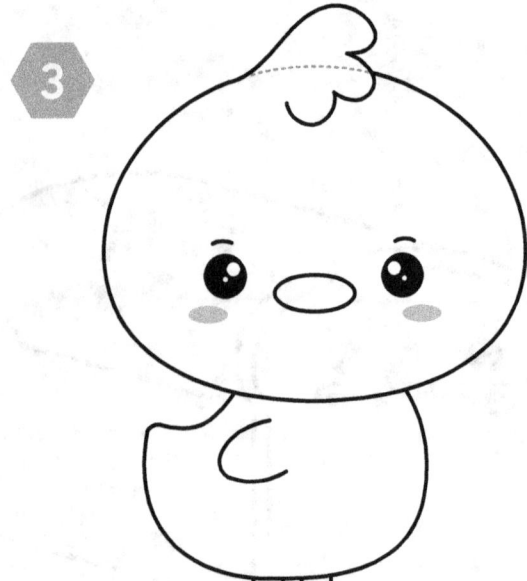

Une adorable crête et un petit visage

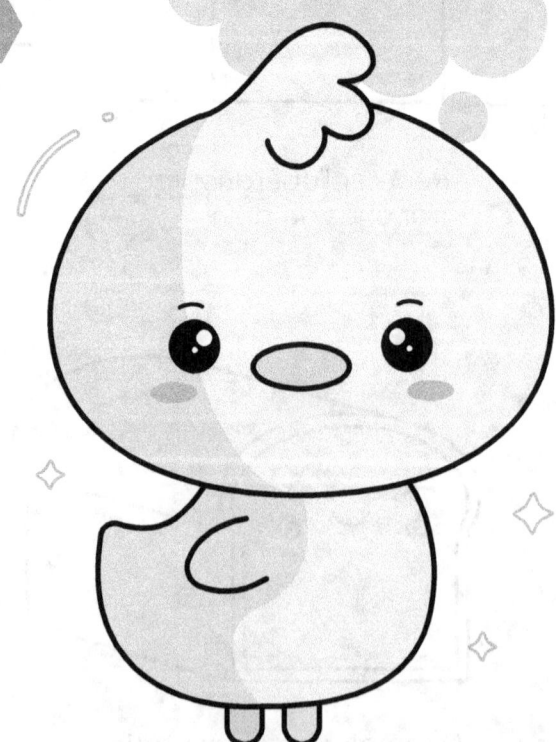

Je suis petit et adorable

Peignons ! Les poussins sont jaunes

BOISSONS

1

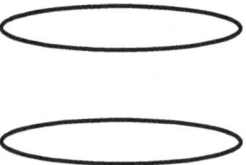

Dessinez 3 ovales sur une ligne

2

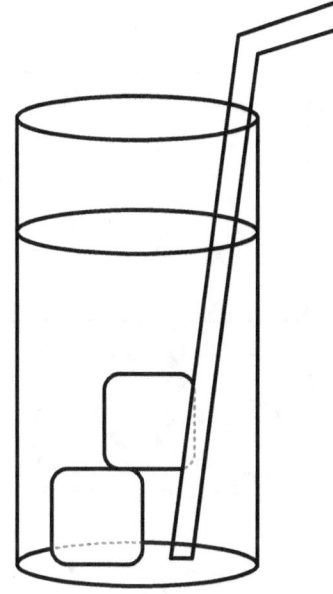

Remplir le verre et ajouter les glaçons

3

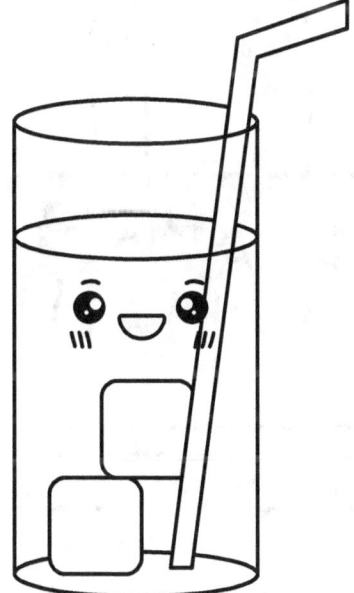

Il manque un sourire kawaii!

4

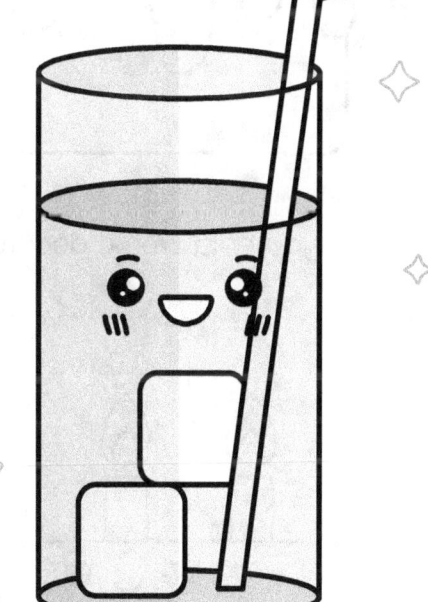

Choisissez la couleur selon votre goût

Donnez-moi de la
glace s'il fait chaud

GÂTEAU

 1

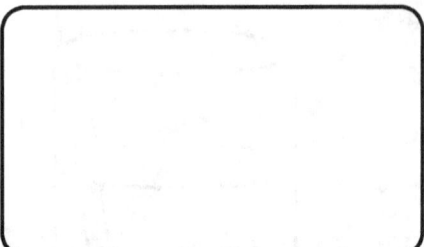

Dessiner un rectangle arrondi

2

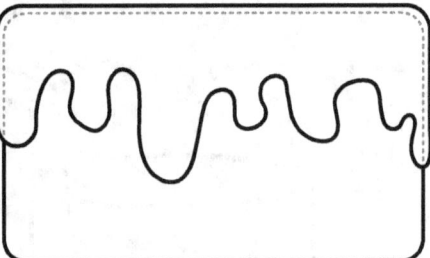

Ajouter la crème décorative

3

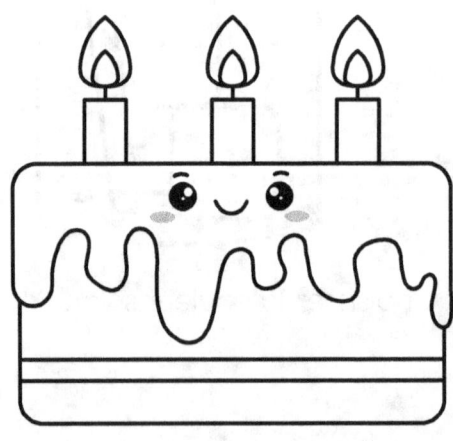

Inclut des bougies sur le dessus

4

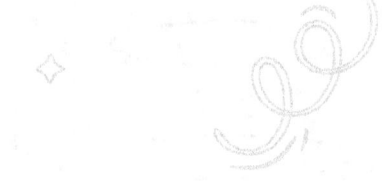

Joyeux anniversaire !

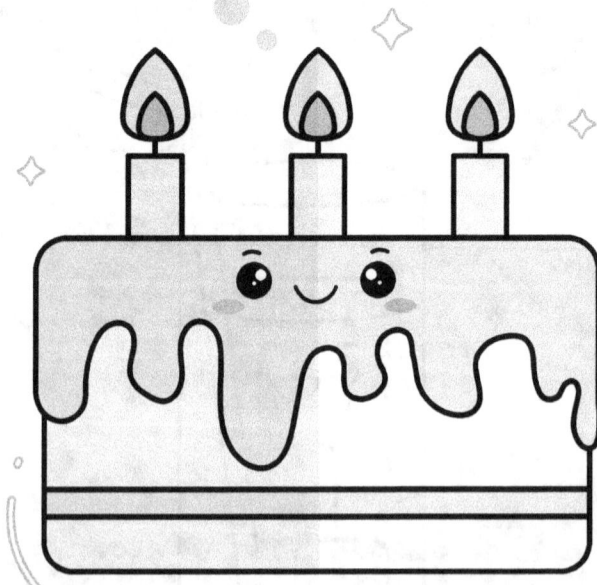

Que diriez-vous d'un rose framboise?

LIVRE

1

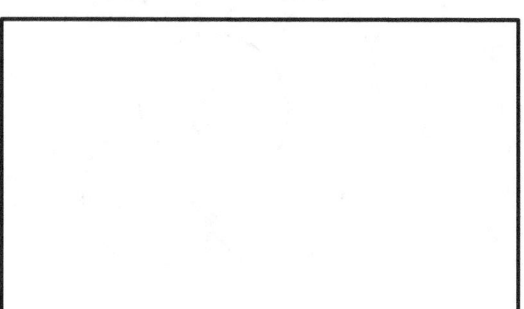

Dessinez un rectangle. Facile, n'est-ce pas ?

2

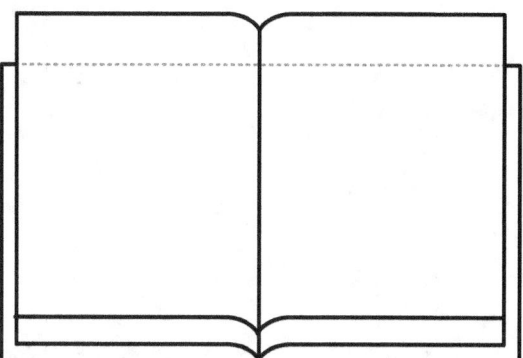

Ajouter des lignes supplémentaires pour les pages

3

Plus de lignes! pour plus de pages et de texte

4

Il était une fois ....

Peindre le couvercle dans n'importe quelle couleur

FLEUR

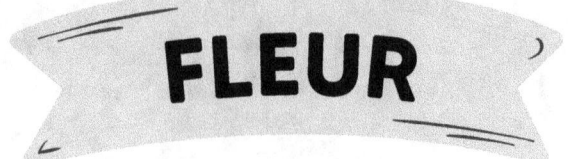

1

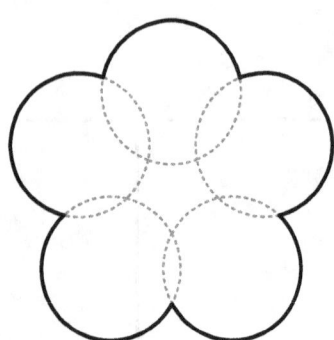

Dessinez 5 cercles pour les pétales

2

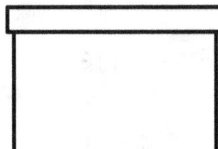

Ajouter un cercle central et un carré

3

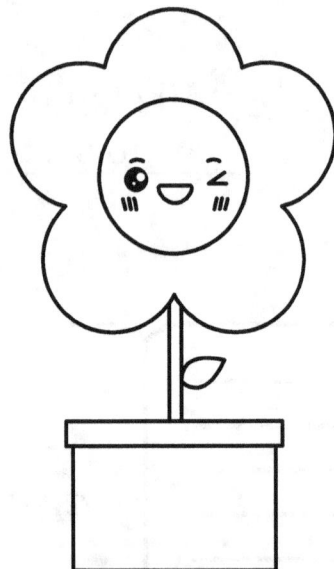

Dessinez un rectangle pour la tige
et une petite feuille

4

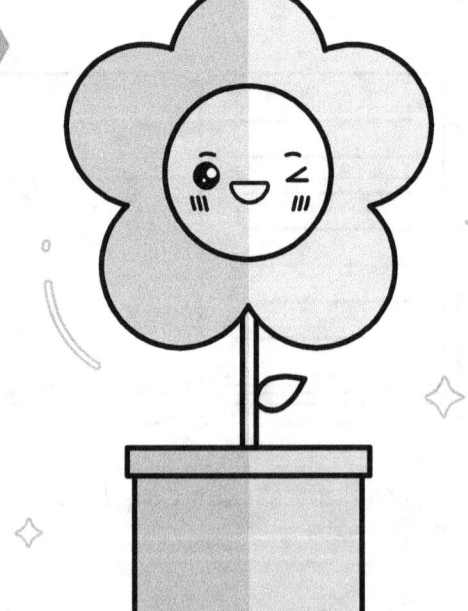

Peignons! Les fleurs sont très colorées

Au printemps,
je fleuris

CLOCHE

1

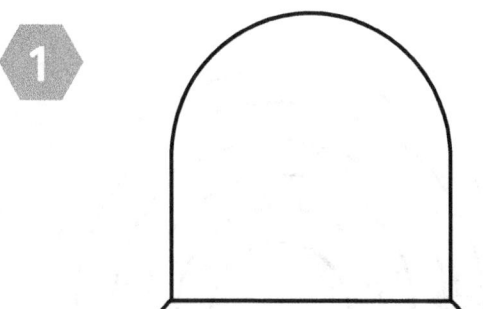

Dessiner deux figures comme base

2

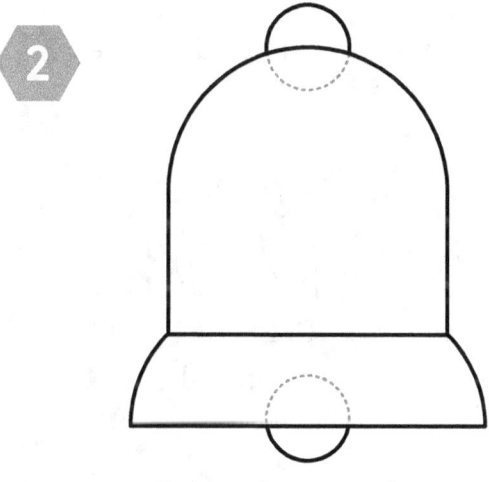

Faites deux cercles

3

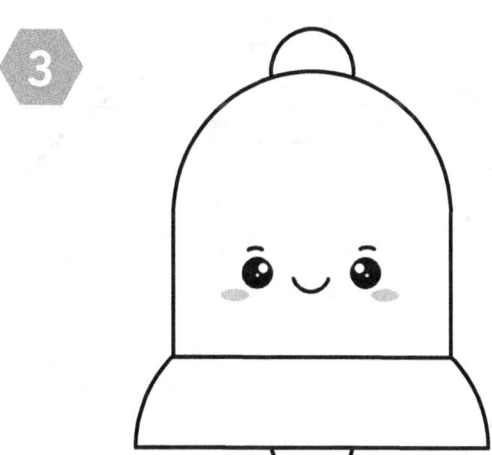

Les cloches apportent la joie!

4

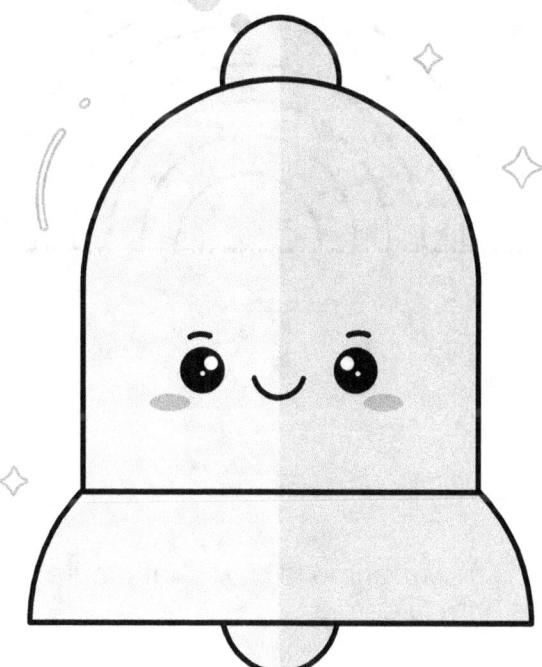

Je rêve avec les heures et les mariages

Peignons! Les cloches sont jaunes

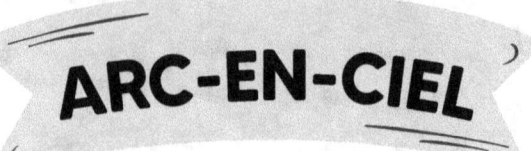

ARC-EN-CIEL

1

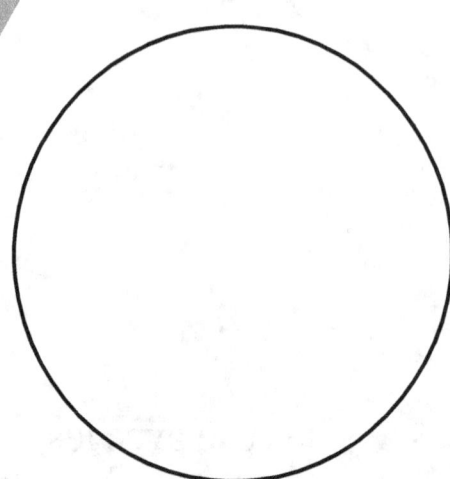

Commencer par un cercle parfait

2

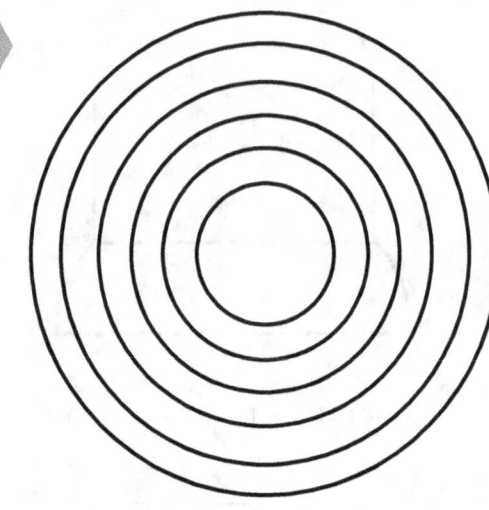

Dessinez des cercles de plus en plus petits

3

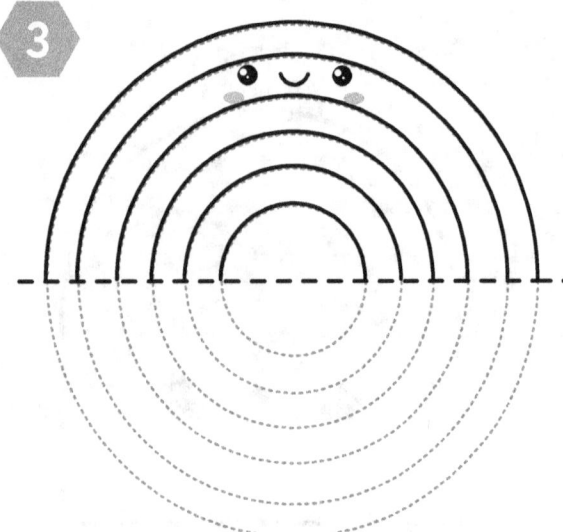

Supprime la moitié inférieure du cercle

4

Je suis le reflet du soleil dans la pluie

Rouge, jaune, vert, bleu, violet ...

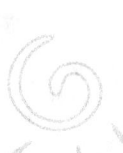
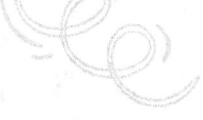

TORTUE

1

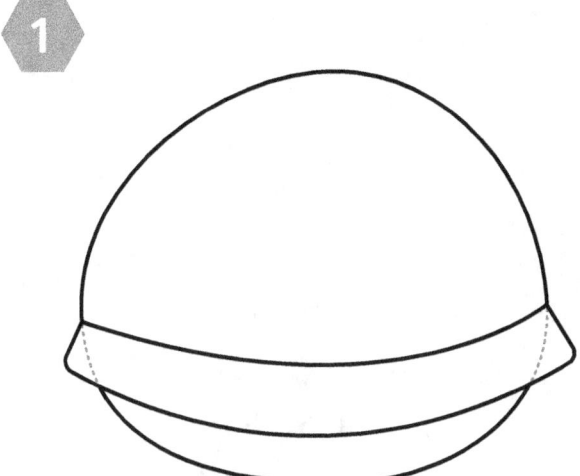

Commencez par un cercle pour la coquille

2

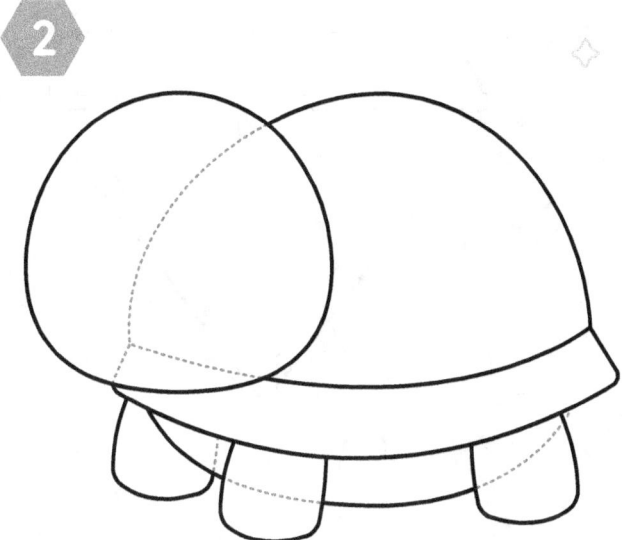

Un autre cercle pour la tête

3

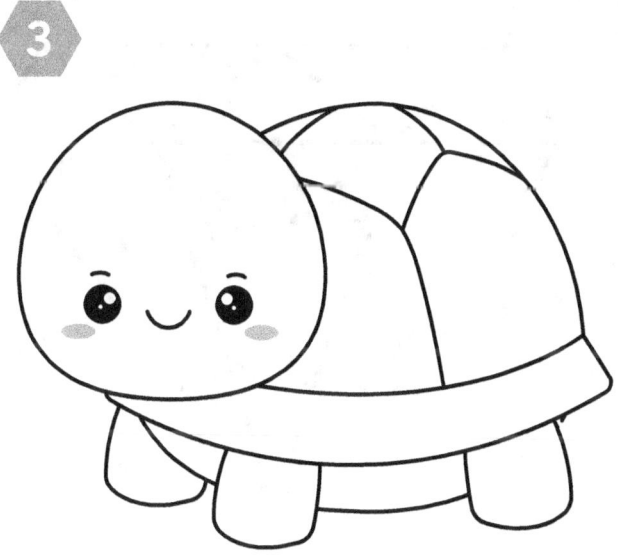

Tracer des lignes jusqu'à la coquille

4

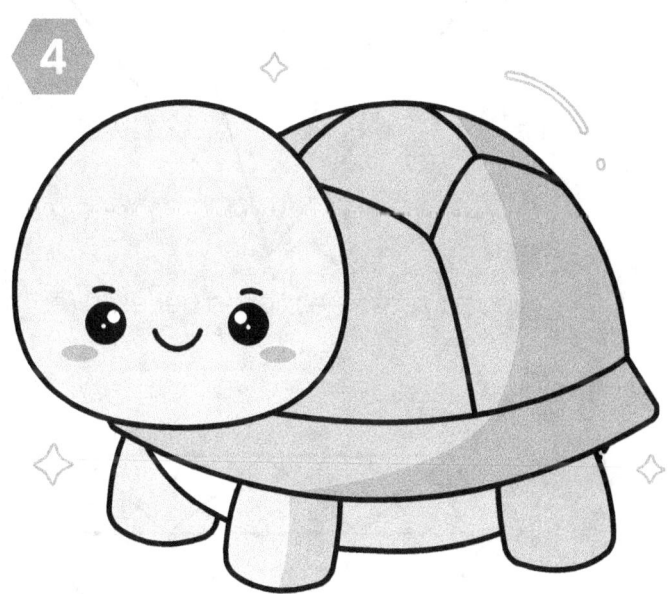

Peignons! Le vert est un bon choix

Je marche lentement mais je résiste beaucoup

DIAMANT

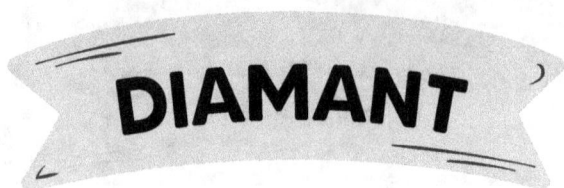

1

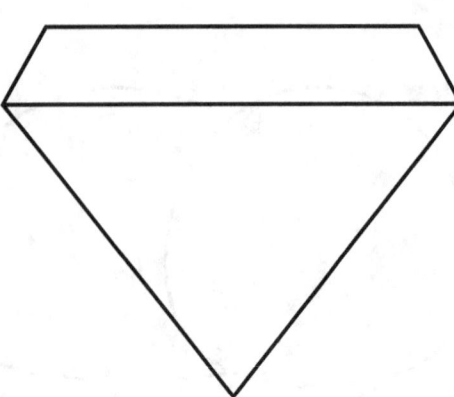

Dessiner un triangle inversé

2

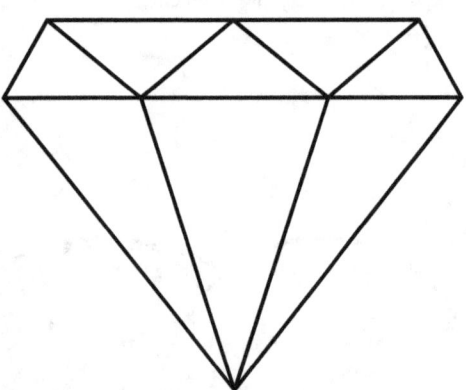

Ajouter toutes les lignes nécessaires

3

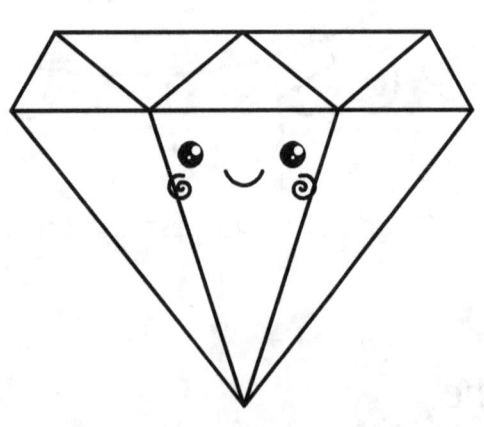

Faites-le sourire!

4

Je suis fort et brillant

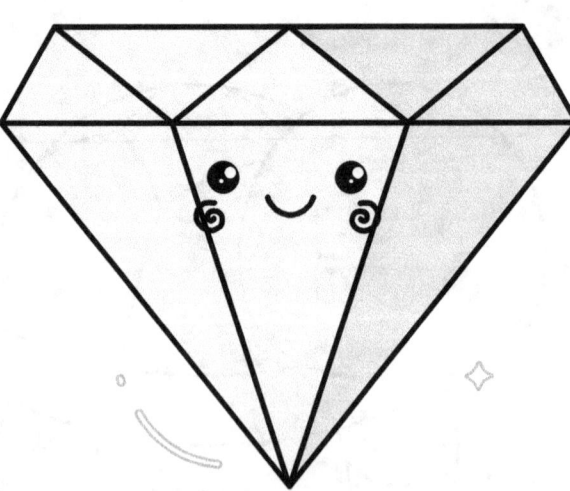

Vous pouvez le peindre en bleu ciel!

AVEZ-VOUS 30 SECONDES?

Nous serions ravis de lire vos impressions sur ce livre sur Amazon.
Pour laisser votre avis, scannez ce QR avec votre appareil photo mobile.
La page d'évaluation s'affichera dans votre navigateur.

Avant de nous laisser un avis négatif, donnez-nous une chance
de nous améliorer. Envoyez-nous un e-mail à :
hello@happylittlebrains.com et nous ferons de notre
mieux pour l'améliorer :)

BONUS   **Pour obtenir le bonus**, scannez ce QR, également avec votre appareil
photo mobile, et vous le recevrez au format PDF.

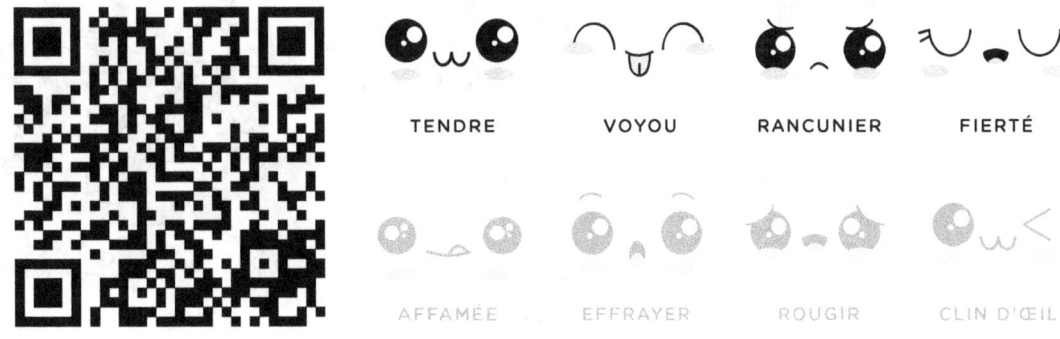

TENDRE   VOYOU   RANCUNIER   FIERTÉ

AFFAMÉE   EFFRAYER   ROUGIR   CLIN D'ŒIL

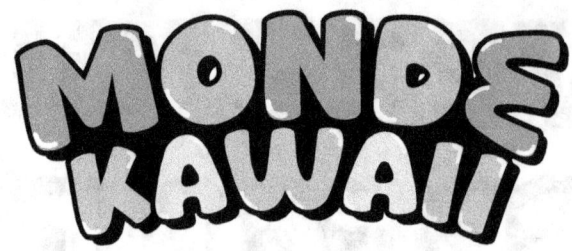

COMPLÉTEZ VOTRE COLLECTION

Devenez un artiste! Il vous suffit d'un crayon et de suivre les instructions étape par étape dans chaque livre.

Vous apprendrez les bases du dessin kawaii, qui met l'accent sur les formes simples et arrondies, les visages avec de petits yeux et de douces expressions, et vous apprendrez à personnifier des objets inanimés.

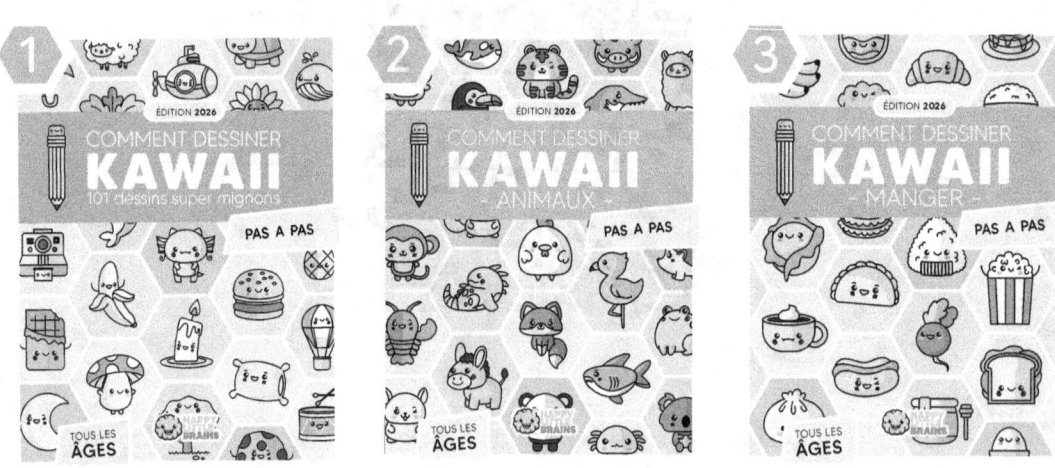

Apprenez à dessiner des personnes, des animaux, de la nourriture...

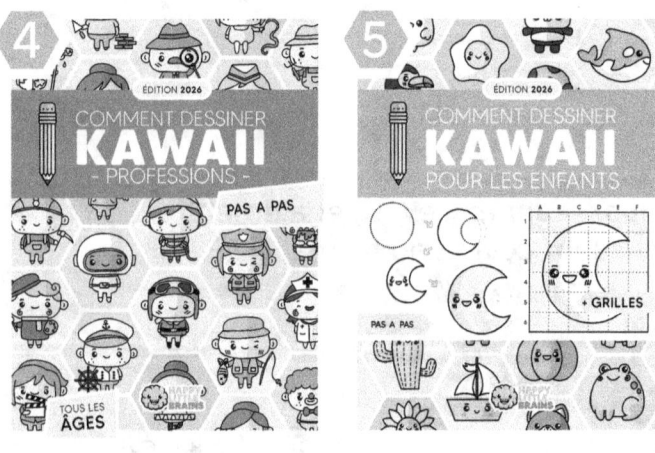

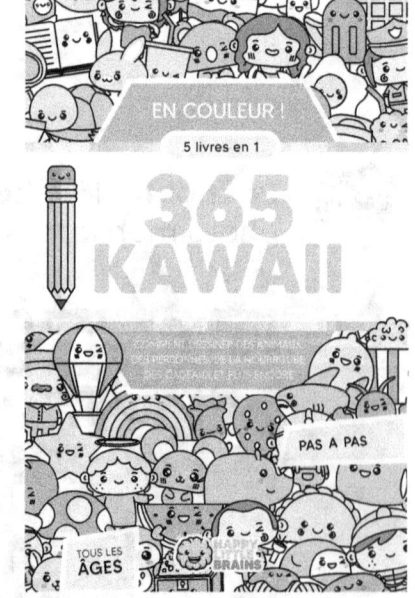

Regroupez les 5 livres de notre collection en 1 seul, et en couleur !

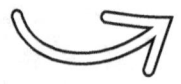

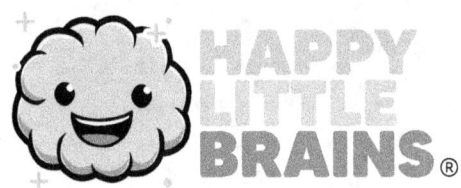

Retrouvez-nous sur Amazon.fr

| Livres ▾ | happy little brains | 🔍 |

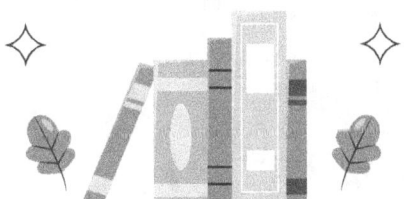